C'est à vous
Role play for adva

Adrienne Boston

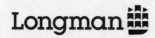

Adrienne Boston died in a cycling accident in Toronto on May 18th 1986.

Adrienne wanted to dedicate this book to her parents, as an acknowledgement of the love and pride which they felt for her and she for them. Let this book also be dedicated to Adrienne herself, to her energy, enthusiasm and love for teaching and for those around her. *Tony Boston, January 1987*

Acknowledgements

The author wishes to express her thanks to Susan and Michel Capdequi, Nadine Boisson and Rita and Arthur Simmons for their help in the preparation of this book.

The author wishes to acknowledge the meticulous work of the Council of Europe's *Un niveau-seuil* (1976) in the preparation of this text.

Illustrated by Helen Herbert

LONGMAN GROUP UK LIMITED
Longman House
Burnt Mill, Harlow, Essex CM20 2JE, England
and Associated Companies throughout the World

First published 1988
ISBN 0-582-35526-5

Set in 10/12pt Sabon (Linotron)

Produced by Longman Group (F.E.) Limited
Printed in Hong Kong

Contents

To the teacher

In modern language teaching, one of our ultimate aims must surely be to equip our students with the skills necessary to communicate, at the highest possible level, with a native speaker. To this end, teaching methods must be imaginative, lively and diverse. A wide variety of audio and visual aids, as well as the use of the foreign language as the primary means of communication in the classroom, will all help the student to gain confidence in self-expression in the chosen language.

If progress is to be seen to be made, assessments must be carried out, and this is where difficulties arise. Firstly, the very nature of "conversation", with its close personal involvement and open-endedness, means that, if the interlocutor is at the same time examining, then the results are likely to be unreliable. Secondly, if students are given in advance a list of topics which may be "discussed" at the examination, the spontaneity and authenticity of the "conversation" are both significantly reduced. This is not to undermine the importance of striving towards the goal of conversation, but rather to point out some of the difficulties in its assessment.

C'est à vous is a stepping stone between the extremely structured, almost rote-learned dialogue work presently required for first examinations, and the more sophisticated level of language required by the conversation component of the 'A' Level. The role play and survival situation required by, for example, the Scottish Higher Examination, bridges the two. Here, the candidate is only ever required to play him/herself and so a fair degree of authenticity and validity is retained. Since the interlocutor introduces difficulties to make the student *se débrouiller*, an element of spontaneity is also present. Since the candidate is given, at the start of the examination, a clear list of communicative tasks to perform, the "conversation" is not likely to go off at a complete tangent. All these points lend weight to the reliability of the results.

However, it is not merely its "examinability" that makes role play a worthwhile learning method. In a relaxed atmosphere, learning through role play is natural and enjoyable. It encourages imaginative, creative and often amusing expression. Occasionally, recording students' dialogues onto cassette can be a useful exercise. These can be listened to by the teacher, the performers themselves or by the whole class. In a friendly atmosphere, constructive criticism can be made by fellow-students. Writing the dialogue down, in drama form complete with stage instructions, is a possible extension of this oral work.

Outlined under "To the student" is a suggested order of use of the book and cassette, but individual teachers will develop their own methods to suit the needs of particular classes.

One final point – I felt constrained by language itself into the sexist manner of continually referring only to masculine forms of nouns and adjectives. Giving both genders or just the feminine form proved to be extremely cumbersome and in places impossible. (There is, for example, no French word to describe a female traffic warden.) Reluctantly, I resorted therefore to the use of masculine forms only.

To the student

Understanding and being understood. Whatever the language, these are the keys to real communication. By working through the units in this book, you will improve your ability to communicate effectively in French.

Each of the first nine units introduces different "functions" of language. For example, how to ask for information, how to give advice, how to complain. Each of these units contains four sections:

1 Introduction

The aim of this section is to make you thoroughly familiar with the introductory dialogue(s).

Vous avez compris?

Listen to the dialogue(s) and follow the instructions on the relevant page. If you are operating the cassette recorder yourself, listen to the dialogue(s) as many times as you wish.

Lexique

This is a list of the main vocabulary from the dialogue(s). This should be learned as homework.

A vous de lire

In groups of two or three, read aloud the transcript of the dialogue(s), which until now you have only heard on cassette.

Travail individuel/à deux, Trouvez l'équivalent

Use the transcript of the dialogue(s) as little as possible while working through these exercises.

2 Exercices

This section gives you practice in using the particular "functions" of the unit.

At the beginning of each exercise, a part of the *Explications* section is mentioned. Refer to this before attempting the exercise itself.

Only the answers to the listening exercises are given (see p. 121). All the other exercises must be corrected by the teacher.

3 A vous de parler

This is where you put your new skills into action – in the context of different situations.

Take turns with a partner at playing the different roles in each dialogue. The dialogues become more demanding as you work through this section as fewer and fewer guidelines are given. By the end it is up to you to produce your own imaginative, lively and perhaps funny conversation.

4 Explications

This is the reference section for each individual unit of work. Refer to it as you work through the *Exercices* section, so that, by the time you reach *A vous de parler*, you are familiar with all the *Explications*.

Unit 10

This unit pulls together the different functions presented in the preceding chapters. Its four sections are placed in increasing order of difficulty. Tackle them consecutively.

Reference

The reference sections on p. 113 are relevant to the work in all the units. However this section need not be learned at one attempt. Dip into it a little, every time you use the book, so that you become increasingly familiar with its contents as you progress.

UNIT 1
Language problems (1)

When you are involved in communication, particularly if speaking on the telephone, you might well run into problems of comprehension. It is important to be able to express what or why you don't understand. It may be just one unfamiliar word which is the root of the problem. Alternatively, it may be that the French person is speaking too quickly, using unfamiliar slang, or that you are not familiar enough with high numbers in the foreign language.

In this unit you will learn how to cope with confusion, without losing face.

Introduction

Vous avez compris? (1)

Ecoutez le dialogue enregistré puis étudiez les constatations suivantes. Si la phrase est juste copiez-la, si non corrigez-la avant de l'écrire.

A tourist in Lyon and her friend Philippe want to telephone M. Horteur in Paris.

1. Le touriste téléphone aux renseignements.
2. M. Horteur habite 40, Rue Beauvisage.
3. Son numéro de téléphone est 16(1)47.91.12.12.
4. L'indicatif est faux.
5. On lui conseille de consulter l'annuaire ou de téléphoner aux renseignements.
6. Le touriste ne comprend pas le message.
7. Philippe écoute, puis il suggère de téléphoner aux renseignements lui-même.
8. Ça coûte 3F pour téléphoner aux renseignements.

Lexique

les renseignements	*directory enquiries*
composer	*to dial*
un indicatif	*code*
erroné	*wrong*
un annuaire	*telephone directory*
Attends voir.	*Let me see.*

1

A vous de lire à trois

EMPLOYÉ   Renseignements. Bonjour.
TOURISTE   Je voudrais le numéro de Monsieur Christian Horteur, 14, Rue Beauvisage à Paris.
EMPLOYÉ   Alors, vous faites le 16(1)47.91.12.22.
TOURISTE   Merci beaucoup.

Elle met deux pièces d'un franc et compose le numéro.

VOIX ENREGISTRÉE Ici Lyon-Lalande. Votre indicatif est erroné. Veuillez consulter l'annuaire ou téléphoner aux renseignements.
TOURISTE   Philippe! Au secours! Je ne comprends rien du tout. Qu'est-ce qu'il raconte?
PHILIPPE   Attends voir. Passe-moi le téléphone . . . . Tu es sûre que tu as bien copié le numéro?
TOURISTE   Ben, écoute, je pense, oui.
PHILIPPE   Bon, je ne vois qu'une chose à faire. Je vais téléphoner aux renseignements moi-même. Passe-moi 3F . . . . Allô, renseignements, ah oui, bonjour. Donnez-moi le numéro de Monsieur Christian Horteur, 14, Rue Beauvisage à Paris . . . . 16(1)47.91.12.22. Oui, merci . . . . Espèce d'idiote! Tu as mal composé le numéro. Il faut le refaire. Bof, ça coûte cher, ce coup de téléphone!

Travail individuel

Relevez dans le texte les locutions françaises qui correspondent aux expressions anglaises de la liste suivante:

Dial 16(1)47.91.12.22.

Your code is wrong.

Please consult the telephone directory.

Help!

I don't understand a thing.

What's he saying?

Let me see.

Did you copy down the number correctly?

Well, yes, I think so.

You dialled the wrong number.

Vous avez compris? (2)

Remplissez la grille ci-dessous en écoutant le dialogue à la poste.

A tourist in France wants to send a postal order.

français	anglais
la poste	*post office*
un formulaire	
un mandat postal	
un expéditeur	
un destinataire	
le montant	

A vous de lire à deux

EMPLOYÉ	Bonjour, Madame.
TOURISTE	Bonjour. Je voudrais envoyer de l'argent à un ami à Paris.
EMPLOYÉ	Ah, Madame, il faut remplir un formulaire.
TOURISTE	Oui, mais quel formulaire?
EMPLOYÉ	Les formulaires blancs, marqués Mandat Postal.
TOURISTE	Merci.
	Elle trouve le bon formulaire.
EMPLOYÉ	Madame?
TOURISTE	Excusez-moi, Monsieur, mais qu'est-ce que ça veut dire "expéditeur"?
EMPLOYÉ	Eh bien, c'est vous. Vous mettez votre nom et votre adresse.
TOURISTE	Ah merci. Et "destinataire"?
EMPLOYÉ	Eh bien, c'est l'autre. Vous mettez le nom et l'adresse.
TOURISTE	Et le "montant", c'est quoi?
EMPLOYÉ	Eh bien, c'est la somme d'argent que vous voulez envoyer.
TOURISTE	Ah bon, merci beaucoup.

Travail à deux

One partner reads the part of the post office clerk above. The other partner uses only these English prompts to play the tourist's role.

1. Say – *hello, I'd like to send some money to a friend in Paris.*
2. Say – *yes, but which form?*
3. Say – *thank you.*
4. Say – *excuse me (Sir), what does "expéditeur" mean?*
5. Say – *thanks, and "destinataire"?*
6. Say – *and what's "le montant"?*
7. Say – *ah, that's fine. Thank you very much.*

Vous avez compris? (3)

Ecoutez le dialogue, puis répondez en anglais aux questions suivantes.

A tourist has been taken ill and is now being treated at the hospital. His friend talks to the hospital receptionist.

1. What is the friend's passport number?
2. What is his address?
3. What does the receptionist want to know next?
4. Why can the tourist not answer this question?
5. Which number does the receptionist now require?
6. Why can the tourist not supply this information?
7. What happens in France if you are neither registered with Social Security, nor have a private insurance?
8. How much will this cost?

Lexique

Je n'en ai pas la moindre idée.	*I haven't the faintest idea.*
une assurance médicale	*a medical insurance policy*
gratuit	*free*
être affilié	*to be registered*
la Sécurité Sociale (la SECU)	*Social Security*
contracter	*to take out (a policy)*
les frais	*fees, costs*
guérir	*to cure*

A vous de lire à deux

EMPLOYÉ   Mademoiselle, j'ai besoin de quelques renseignements administratifs. Quel est le numéro du passeport de votre ami?

TOURISTE   Ah ... le voilà ... B 247605 A.

EMPLOYÉ   Et son adresse?

TOURISTE   25 Winton Gardens, W-I-N-T-O-N G-A-R-D-E-N-S, Glasgow.

EMPLOYÉ   Et son numéro de Sécurité Sociale?

TOURISTE   Je n'en ai pas la moindre idée.

EMPLOYÉ   Mais il me faut son numéro, tout le monde en a un.

TOURISTE   En France peut-être, mais pas chez nous.

EMPLOYÉ   Alors, son numéro d'assurance?

TOURISTE   Mais je ne crois pas qu'il ait une assurance médicale. Chez nous l'hôpital est gratuit.

EMPLOYÉ   Pas ici, Mademoiselle. Il faut être affilié à la SECU ou contracter une assurance volontaire. Je vais devoir vous demander de payer les frais d'hospitalisation.

TOURISTE   C'est combien?

EMPLOYÉ   800F par jour.

TOURISTE   Eh bien, j'espère que vous allez le guérir vite.

Travail à deux

One partner reads the part of the hospital reception~~~~ other partner uses only these English prompts to play t~~~~ tourist.

1. When asked, give the passport number. Say – *B 247605 A.*
2. Give the address. Say – *25 Winton Gardens (spell it), Glasgow*
3. Say – *I haven't the faintest idea.*
4. Say – *maybe in France, but not in our country.*
5. Say – *but I don't think he has a medical insurance policy. In our country, the hospital is free.*
6. Say – *how much is that?*
7. Say – *well then, I hope you're going to cure him quickly.*

Exercices

 1 See *Explications 2*.

Listen to the cassette. You will hear ten different telephone numbers. Each one will be said once only. Make a list of the numbers. (Answers on p. 121.)

 2 See *Explications 3*.

Listen to the cassette. You will hear eight common abbreviations of French institutions, companies, political parties, etc. Each one will be said once only. Make a list of the abbreviations in order. (Answers on p. 121.)

 3 See *Explications 1, 3*.

Listen to the cassette. Have a correct list of the abbreviations used in *Exercice 2* at hand. You will hear eight extracts of conversation where person A is talking about one of the institutions or companies, etc. Person B will ask for an explanation of the abbreviation used. You will then hear, once only, an explanation. Using the list below, write in English the meaning of each abbreviation on your French list. (Answers on p. 121.)

Socialist Party	French electricity and gas
French Railways	Communist Party
Democratic Party	Emergency medical services
Unidentified flying object	National Bank of Paris

, 3, 4.

nnes

ist above. The
he role of the

UNIT 1

he following information to read to your partner,
cord-breaking feats. Your partner *must not see* this
listen to the speaker reading it aloud. The listener
in French or English as many details as possible.
course to ask, in French, for repetitions, spellings,
ur information at the end. Be prepared to spell out
s to say numbers accurately.

qui a remporté le plus grand succès: Le groupe qui a
e plus grand succès c'est les Beatles. Ce groupe était
composé de George Harrison (né le 25 février 1943), John Ono
Lennon (né le 9 octobre 1940, décédé le 8 décembre 1980),
James Paul McCartney (né le 18 juin 1942) et de Richard
Starkey, alias Ringo Starr (né le 7 juillet 1940). La vente totale
des disques des Beatles a été estimée par EMI à plus de 1 004
millions de disques et de cassettes.

2. *La chanson la plus enregistrée:* Deux chansons ont été chacune
enregistrées plus de mille fois – "Yesterday", écrite par
McCartney et Lennon – 1 186 versions entre 1965 et le 1er
janvier 1973; et "Tie a yellow ribbon round the old oak tree",
écrite par Irwin Levine et L. Russel Brown, avec plus de 1 000
versions de 1973 au 1er janvier 1979.

3. *Bulle de chewing-gum:* Le plus grand diamètre enregistré pour
une bulle de chewing-gum est de 48,9 cm, bulle obtenue par
Susan Montgomery, 18 ans, à Fresno, Californie en avril 1979.
Le record britannique en utilisant aussi la marque "Bubble
Yum" est de 41,31 cm, réalisé par Nigel Fell, 13 ans, à
Derriaghy, Irlande du Nord, en novembre 1979.

4. *Les puces extraordinaires:* La puce la plus grande est la
Hystrichopsylla schefferi schefferi que l'on a trouvée aux USA en
1913. Une puce de cette espèce peut avoir une longueur de 8
mm. La puce la plus grande en Grande-Bretagne est la "Mole
and vole" qui peut être longue de 6 mm.

Make up other breath-taking statistics and read them to your
partner.

5 See *Explications 2.*

Le facteur a pour mission de déposer une lettre dans chaque maison,
sans jamais repasser par la même. Comment fait-il? Rédigez une liste
des numéros des maisons en ordre!

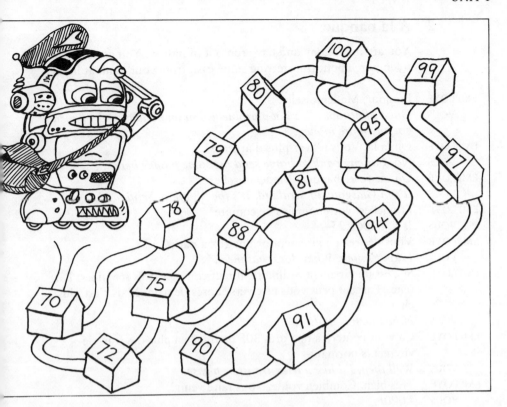

A vous de parler

1 Un voyage à Londres

Bruno is excited about the plans for his school trip to London. A friend asks him about his itinerary. Act the role of Bruno.

AMI	Est-ce que tu as déjà eu l'itinéraire pour le voyage à Londres?
BRUNO	*Yes, we got it today!*
AMI	Ah ouais?! Et alors, vous allez voir quoi?
BRUNO	*Well, first of all ... oh ... I don't know how you say it. It's written B-U-C-K-I-N-G-H-A-M P-A-L-A-C-E.*
AMI	Oh, c'est le palais de la reine. Et après?
BRUNO	*We're going to see ... the T-O-W-E-R of London.*
AMI	Ah, ouais! Il y a les bijoux de la reine là-bas. Et puis?
BRUNO	*The next day, we're going to walk* (balader) *to the city centre ... to ... C-A-R-N-A-B-Y Street.*
AMI	Ah oui, et encore?
BRUNO	*W-E-S-T-M-I-N-S-T-E-R Abbey and H-Y-D-E Park C-O-R-N-E-R.*
AMI	Ça va être chouette! J'y suis allé l'année dernière. N'oublie pas d'aller à Madame Tussaud.
BRUNO	*Is that a cousin of yours?* (à toi)

7

2 A la banque

You are on holiday and have run out of money. You go to the bank to enquire about transferring some cash from your bank at home.

EMPLOYÉ Bonjour, Mademoiselle.

VOUS *Good afternoon. I've got a problem. I'm on holiday and I haven't got any more money.*

EMPLOYÉ Oh là là. Vous n'avez plus d'argent?

VOUS No. *Can my bank at home send me some money here?*

EMPLOYÉ Où est votre banque, Mademoiselle?

VOUS *It's in Glasgow, in Scotland. It's the "Bank of Scotland".*

EMPLOYÉ Et quel est votre numéro de compte?

VOUS *It's 352001.254.*

EMPLOYÉ Vous désirez un virement ordinaire ou par télex?

VOUS *I don't know. What does that mean?*

EMPLOYÉ Si c'est un virement ordinaire, il faut compter trois semaines. Par télex, l'argent peut vous être versé après-demain. Mais c'est plus cher.

VOUS *How much is that?*

EMPLOYÉ Ça vous coûtera à peu près 30F de frais, en plus des frais de virements normaux.

VOUS *Well then, I'd like a telex transfer, please.*

EMPLOYÉ Très bien. Combien voulez-vous faire venir?

VOUS *1 000F.*

EMPLOYÉ Bien, avez-vous une pièce d'identité?

VOUS *My passport? Here it is.*

EMPLOYÉ Merci, je note votre nom et votre numéro de passeport. Repassez après-demain. L'argent devrait être arrivé.

VOUS *Thanks (Sir). Goodbye.*

3 Chèques de voyage perdus

Vous perdez vos chèques de voyage à Paris.

Vous	Téléphoniste/Employé
Téléphonez aux renseignements pour le numéro du bureau d'American Express.	Le numéro de téléphone est 4266.0999.
Téléphonez au bureau. Expliquez la situation.	Demandez l'identité – nom, adresse, résidence à Paris.
Donnez ces informations.	Demandez des détails à propos des chèques qui manquent – les numéros.
Donnez les numéros.	Répétez-les pendant que vous les notez. Demandez la date et le lieu d'achat.

(*Vous*)	(*Téléphoniste/Employé*)
Donnez ces informations. Demandez quand les nouveaux chèques seront prêts.	Répondez.
Demandez où vous pourrez les prendre.	L'adresse est 11, Rue Scribe, 75440.
Répétez l'adresse. Remerciez l'employé.	Répondez. Dites au revoir.

4 What is the meaning of this?

A French friend has made a list of some common British
abbreviations found in the newspaper. Make up a short dialogue
where you explain their meaning. You may want to give the
equivalent French abbreviation or add a few more of your own.

B.R. (British Rail)	M.P. (Member of Parliament)
B.A. (British Airways)	P.M. (Prime Minister)
M. & S. (Marks & Spencer)	R.A.F. (Royal Air Force)
D.H.S.S. (Department of Health and Social Security)	No. 10 (Downing Street)
P.O. (Post Office)	B. of E. (Bank of England)

5 Directory enquiries

A 12-year-old French school child is staying with you and your
family. She wants to telephone a friend in Northern Ireland but
doesn't have the number. She insists on telephoning directory
enquiries herself, rather than let you make the call.

Enact a dialogue where she asks you to tell her exactly what to do
and say to get through to directory enquiries. Mention the following
procedures:

Dial 192 (no charge).

Which town, please?

Name?

Address?

Number

Make sure she has understood, by getting her to repeat the
instructions.

Explications

1 Débrouillez-vous

If you don't understand what's being said, say so. If you know why or what you don't understand, use one of these expressions:

Qu'est-ce que ça veut dire, X?	*What does X mean?*
Je ne comprends pas le mot X.	*I don't understand the word X.*
Je ne comprends pas l'expression X.	*I don't understand the expression X.*
Qu'est-ce que c'est que X?	*What's X?*
Qu'est-ce que c'est que ça?	*What's that?*
X, c'est quoi?	*What is X?*
Voulez-vous parler plus lentement?	*Will you speak more slowly?*
Voulez-vous répéter cela?	*Will you repeat that?*
Voulez-vous écrire cela?	*Will you write that?*
Comment ça s'écrit X?	*How is X written?*
Comment s'écrit X?	*How is X written?*
Comment ça se dit?	*How do you pronounce that?*

If you are almost clueless, your face will probably give you away but familiarize yourself with the following:

Pardon?	*Pardon?*
Comment?	*What?*
Quoi? (slang)	*What?*
Je ne comprends rien du tout!	*I don't understand a thing!*
Je n'ai pas compris.	*I don't understand.*
Au secours!	*Help!*

2 Les nombres

Only occasionally will you be required to write numbers in words, for example, on a Eurocheque or postal order. However, here they are. Learn to recognize and say, without hesitation, all numbers.

Listen to the cassette. You will hear five sets of 10 numbers followed by 1 set of 12 numbers. Point to the numbers which you hear. Beware. They are not in order.

0	zéro	70	soixante-dix
1	(*m*) un, (*f*) une	71	soixante et onze
2	deux	80	quatre-vingts
3	trois	81	quatre-vingt-un
4	quatre	90	quatre-vingt-dix
5	cinq	91	quatre-vingt-onze
6	six	100	cent
7	sept	101	cent un
8	huit	102	cent deux
9	neuf	110	cent dix
10	dix	182	cent quatre-vingt-deux
11	onze	200	deux cents
12	douze	201	deux cent un
13	treize	202	deux cent deux
14	quatorze	300	trois cents
15	quinze	400	quatre cents
16	seize	500	cinq cents
17	dix-sept	600	six cents
18	dix-huit	700	sept cents
19	dix-neuf	800	huit cents
20	vingt	900	neuf cents
21	vingt et un	1 000	mille
22	vingt-deux	1 001	mille un
23	vingt-trois	1 002	mille deux
30	trente	2 000	deux mille
31	trente et un	10 000	dix mille
32	trente-deux	100 000	cent mille
40	quarante	*1 000 000	un million
50	cinquante	*2 000 000	deux millions
60	soixante		

*The word *million* is a noun and must always be followed by *de* before another noun, for example:

un million de chats   deux millions de dents

3 L'alphabet

If you are on the telephone it is useful to be able to ask how to spell a word, particularly place names. Listen to the cassette and learn how to pronounce the letters.

A B C D

E F G

H I J K

L M N O P

Q R S T

U V W

X Y Z

4 La ponctuation

ˆ	â	circonflexe
`	è	accent grave
´	é	accent aigu
,	bien,	virgule
-	est-il	trait d'union (avec un trait d'union)
'	l'homme	apostrophe
"	"…"	les guillemets (ouvrez/fermez les guillemets)
.	… la fin.	point
A	Anna	un grand A
a	argent	un petit a
!	Au secours!	point d'exclamation
?	Comment?	point d'interrogation
:	par exemple:	deux points

UNIT 2
Language problems (2)

In this unit you will be learning many useful items of vocabulary. However, there will always be occasions when in mid-conversation your stock of words will fail you. This problem is easily overcome! You simply have to make imaginative use of the words you already know and improve your ability to describe things.

Introduction

 ### Vous avez compris? (1)

Ecoutez le dialogue enregistré puis remplissez la grille suivante.

Vous voulez acheter un vase.

	le vase
sa matière	
sa couleur	
sa hauteur	
sa largeur	
sa forme	

Lexique

tenir à quelque chose	*to treasure, prize something*
le grès	*stoneware, pottery*
foncé	*dark (colour)*
la forme	*shape*
le couvercle	*lid*

A vous de lire à deux

EMPLOYÉE	Monsieur?
CLIENT	J'ai un petit problème. J'ai cassé un vase auquel ma grand-mère tenait beaucoup.
EMPLOYÉE	Et vous voulez donc retrouver exactement le même.
CLIENT	Voilà. C'est ça.
EMPLOYÉE	Il était en quoi?
CLIENT	En grès.
EMPLOYÉE	Et de quelle couleur?
CLIENT	Brun foncé.
EMPLOYÉE	Décrivez-moi la forme.
CLIENT	Il était grand comme ça.
EMPLOYÉE	Bon. 20 cm de haut.
CLIENT	Et puis, le diamètre était à peu près comme ça.
EMPLOYÉE	Oui, 10 cm.
CLIENT	C'était un vase cylindrique de toute façon.
EMPLOYÉE	J'ai ce qu'il vous faut! Une boîte à spaghetti. Vous n'avez qu'à enlever le couvercle.
CLIENT	Eh bien, merci bien.

Travail à deux

One partner reads the part of the shop assistant above. The other partner uses only these English prompts to play the customer's role.

1. When you are greeted, say – *I've got a little problem. I've broken a vase which my grandmother used to treasure.*
2. Say – *yes, that's it.*
3. Say – *it was made of pottery.*
4. Say – *dark brown.*
5. Say – *it was about so big (gesticulate).*
6. Say – *the diameter's about that size (gesticulate).*
7. Say – *anyway, it was a cylindrical vase.*
8. Say – *good, thanks very much.*

 ## Vous avez compris? (2)

Ecoutez le dialogue enregistré puis répondez aux questions suivantes.

Une cliente choisit un cadeau.

1. Qui a quatre ans?
2. Pourquoi la cliente est-elle venue dans ce magasin?
3. Elle cherche un portefeuille?
4. Pourquoi l'employé, suggère-t-il un porte-monnaie?
5. Une tirelire s'appelle comment en anglais?
6. Pourquoi la cliente préfère-t-elle la tirelire en forme d'éléphant?
7. Pourquoi celle-ci coûte-t-elle plus cher que les autres?
8. Comment est-ce qu'on ouvre la tirelire?

Lexique

le jouet éducatif	*educational toy*
la pièce	*coin*
en forme de	*in the shape of*
la cabine téléphonique	*telephone box*
la boîte aux lettres	*letter box*
C'est pour offrir?	*Is this a gift? (Often, shops will gift-wrap presents free of charge.)*

A vous de lire à deux

EMPLOYÉ   Mademoiselle?

CLIENTE   Bonjour, Monsieur. Je cherche un p'tit cadeau pour mon neveu. Il va avoir quatre ans.

EMPLOYÉ   Vous avez vu ce que nous avons comme jouets éducatifs?

CLIENTE   Oui ... est-ce que vous avez un truc où on peut mettre de l'argent?

EMPLOYÉ   Un portefeuille?

CLIENTE   Non, c'est plutôt pour les pièces.

EMPLOYÉ   Vous voulez dire un porte-monnaie, alors?

CLIENTE   Non, non. C'est en plastique ou en porcelaine, en forme de cochon.

EMPLOYÉ   Ah, c'est une tirelire que vous cherchez. Un moment ... voilà tout ce qui reste. On n'en a plus en forme de cochon, mais en voilà une en forme de cabine téléphonique et en voilà une autre en forme de boîte aux lettres. Toutes les deux sont en plastique – très pratique pour les enfants.

CLIENTE   Ce petit gosse adore les animaux. Je prends celle-ci en forme d'éléphant. C'est combien?

EMPLOYÉ   Celle-là est en porcelaine. Ça coûte 70F. C'est pour offrir, n'est-ce pas?

CLIENTE   Oui, un moment, comment est-ce qu'on l'ouvre? Je ne vois pas de serrure.

EMPLOYÉ   Non ... il faut tirer la trompe ... comme ça.

CLIENTE   Oh! Superbe!

Travail à deux

One partner reads the part of the shop assistant above. The other partner uses only these English prompts to play the customer's role.

1. When you are greeted, say – *I'm looking for a present for my nephew. He's going to be four.*
2. Answer the assistant's question and ask – *have you got a thing where you can keep money?*
3. Say – *I don't mean a wallet. It's really for coins.*
4. Answer the question and say – *I don't mean a purse. It's made of plastic, or china, and it's in the shape of a pig.*
5. Say – *this little boy loves animals. I'll take this one here – in the elephant shape. Ask the price.*
6. Say – *it is a gift.* Then ask – *how do you open it?* Say – *I don't see any lock.* Express your delight!

15

Exercices

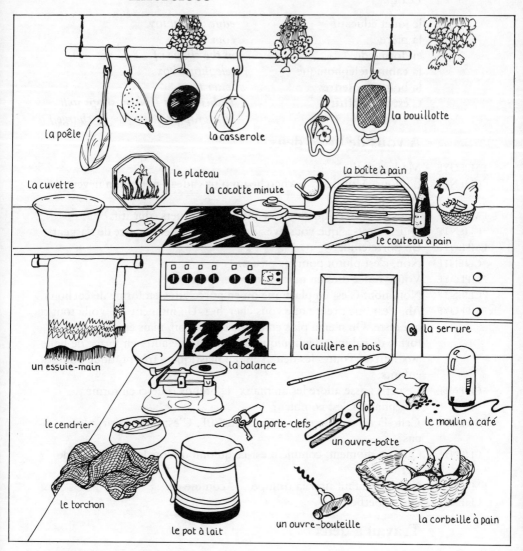

la poêle

la casserole

la bouillotte

la cuvette

le plateau

la boîte à pain

la cocotte minute

le couteau à pain

un essuie-main

la serrure

la cuillère en bois

la balance

le cendrier

la porte-clefs

un ouvre-boîte

le moulin à café

le torchon

un ouvre-bouteille

le pot à lait

la corbeille à pain

1   See *Explications 1, 2, 3, 4, 5.*

Etudiez le dessin de la cuisine. Ecoutez les dix descriptions enregistrées. Chacune correspond à un objet dans la cuisine. Ecrivez les objets dans l'ordre où vous les entendez. (Vous trouverez les réponses à la page 122.)

2   See *Explications 1, 2, 3, 4, 5.*

Faites vous-même quelques descriptions des objets dans la cuisine d'en haut. Racontez-les à un partenaire. Il comprend ce que vous voulez dire?

16

3 See *Explications 1, 2, 3, 4, 5.*

How would you go about describing in French the following items?

1. A wooden coffee table with a glass top.
2. Flat white leather shoes in a broad fitting.
3. An umbrella stand made of wicker.
4. A round wooden chopping board.
5. Pink heart-shaped satin cushions.
6. A set of brown stoneware oval steak plates.
7. A jotter with squared paper.
8. A black leather bow tie.
9. Rainbow-coloured braces.
10. A card table with folding legs.

A vous de parler

1 Au rayon des sports

You want to replace the towelling grip on your tennis racket.

EMPLOYÉE	Bonjour, Monsieur. Vous désirez?
VOUS	*I want to buy something, but I don't know what it's called in French.*
EMPLOYÉE	C'est pour quel sport, Monsieur?
VOUS	*For tennis.*
EMPLOYÉE	C'est un article de vêtement, peut-être?
VOUS	*No, it's for my racket.*
EMPLOYÉE	Vous voulez dire une presse à raquette?
VOUS	*No, it's made of material, like a towel.*
EMPLOYÉE	Oh, comme une serviette, alors, c'est un couvre-manche que vous voulez!
VOUS	*I don't know. Can I see (it)?*
EMPLOYÉE	Voilà. C'est ça?
VOUS	*Yes, how much is it?*

2 A la quincaillerie

You are camping. You need some pegs and a washing line.

EMPLOYÉ | Bonjour, Mademoiselle. Qu'y a-t-il pour votre service?
VOUS | *Hello, I'm camping in the region and I need a few things. First of all, what do you call the things you use to do the washing?*
EMPLOYÉ | Pour le linge? Ben, de la poudre, ou bien une cuvette?
VOUS | *No, they are made of wood – about so big.*
EMPLOYÉ | Oh, vous voulez dire des pinces à linge – pour tendre le linge.
VOUS | *Yes, that's it.*
EMPLOYÉ | Nous n'en avons plus qu'en plastique.
VOUS | *That's fine, thanks.*
EMPLOYÉ | Et avec ça?
VOUS | *I also need some string for the washing.*
EMPLOYÉ | De la ficelle? Une corde à linge alors, hein?
VOUS | *Yes, a washing line. That's all.*
EMPLOYÉ | Bon, alors, ça vous fait 30F.

3 A la papeterie

You want to buy a roll of sellotape.

EMPLOYÉ | Bonjour, Madame. Vous désirez?
VOUS | *Well, I'd like something you use for sticking …*
EMPLOYÉ | Pour coller? Vous voulez dire de la colle alors, hein?
VOUS | *I don't know. Can I see what it is?*
EMPLOYÉ | Voilà. C'est ça?
VOUS | *Oh no, it's round, like that (gesticulate) … it's made of plastic. It's transparent … and adhesive.*
EMPLOYÉ | C'est du scotch que vous cherchez.
VOUS | *"Scotch" … that's the make, isn't it?*
EMPLOYÉ | Oui, c'est la marque. En France il y a beaucoup de trucs comme ça. On a "les kleenex" aussi.
VOUS | *Oh! Well, anyway, have you got a little sellotape?*
EMPLOYÉ | Un petit scotch? Ah ah! Il faut aller au bar pour ça. C'est un petit rouleau de scotch que vous voulez! Voilà! Ça coûtera 4F, Madame.

4 A la quincaillerie

You want to buy a bottle opener.

EMPLOYÉ | Bonjour, Monsieur. Que désirez-vous?
VOUS | *Hello (Sir), I need a thing to open bottles.*
EMPLOYÉ | Un tire-bouchon?
VOUS | *I don't know. Could you show me?*
EMPLOYÉ | Le voici.
VOUS | *Oh no, it's not for bottles of wine. It's for coke and bottles like that.*
EMPLOYÉ | Ah, c'est un décapsuleur que vous cherchez …. Voilà.
VOUS | *Yes, that's it, thanks.*

5 Descriptions

1. Sans utiliser un dictionnaire, préparez les descriptions de tout ce qui suit.

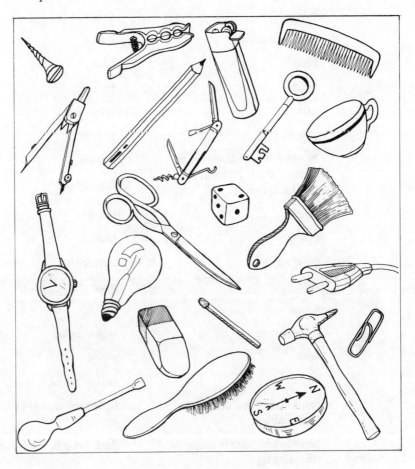

2. Vérifiez les mots justes dans un dictionnaire. Faites un dialogue entre un vendeur et un client qui veut acheter quelques-uns des objets, mais ne connaît pas les mots justes.

6 A l'aéroport

Faites un dialogue où un passager décrit sa valise et son contenu parce que ses bagages ne sont pas arrivés à l'aéroport. Le passager pourrait être magicien, clown, ou bien voyageur de commerce!

7 Au commissariat

Faites un dialogue où vous décrivez à la police, les objets que l'on a volés dans votre chambre d'hôtel.

Explications

1 Pour décrire la couleur

beige	*beige*
blanc (blanche)	*white*
bleu	*blue*
brun	*brown*
gris	*grey*
jaune	*yellow*
marron (invariable, i.e. no change made in feminine or plural form)	*brown*
noir	*black*
orange	*orange*
pourpre	*purple*
rose	*pink*
rouge	*red*
transparent	*transparent*
vert	*green*
violet	*violet, purple*
brun clair, bleu clair, etc. (invariable)	*light brown, light blue, etc.*
brun foncé, vert foncé, etc. (invariable)	*dark brown, dark green, etc.*

2 Pour décrire la forme

En deux dimensions

c'est plat	*flat*
rond	*round*
carré	*square*
rectangulaire	*rectangular*
triangulaire	*triangular*
étroit	*narrow*
large	*wide*
pointu	*pointed*

En trois dimensions

c'est sphérique	*spherical*
cubique	*cubical*
cylindrique	*cylindrical*

Ça ressemble à quelque chose

c'est comme (un cœur)	*like (a heart)*
en forme de (cœur)	*(heart)-shaped*
une espèce de . . .	*a sort of . . .*

3 Pour décrire la matière

l'objet est en acier	the object is made of steel
argent	silver
bois	wood
caoutchouc	rubber
cire	wax
coton	cotton
cristal	crystal
cuir	leather
étoffe	material
fourrure	fur
grès	pottery, stoneware
laine	wool
marbre	marble
métal	metal
nylon	nylon
or	gold
paille	straw
papier	paper
pierre	stone
plastique	plastic
porcelaine	china
satin	satin
soie	silk
suédine	suede
tissu	cloth
toile	canvas
velours	velvet, cord
verre	glass

4 Pour décrire les dimensions et le poids

La hauteur

L'objet est haut de 4 cm.   *The object is 4 cm high.*

Ça a 4 cm de haut.   *It has a height of 4 cm.*

La longueur

L'objet est long de 6 m.   *The object is 6 m long.*

Ça a 6 m de long.   *It has a length of 6 m.*

La profondeur

L'objet est profond de 2 m.   *The object is 2 m deep.*

Ça a 2 m de profondeur.   *It has a depth of 2 m.*

C'est haut	comme ça.	*It's about so high.*
large		*wide.*
long		*long.*
profond		*deep.*

Le poids

L'objet pèse 2 kg.   *The object weighs 2 kg.*

Ça fait une livre.   *It's about a pound.*

5 A quoi ça sert?

Ça sert à + infinitive	*It's used for . . .*
On s'en sert pour + infinitive	*It's used for . . .*
On l'utilise pour + infinitive	*You use it for . . .*
C'est quelque chose pour + infinitive	*You use it for . . .*
C'est un petit machin où on + verb	*It's a thing where you . . .*
C'est un petit truc sur lequel on + verb	*It's a thing on which you . . .*
C'est un petit truc dans lequel on + verb	*It's a thing in which you . . .*
C'est un petit truc avec lequel on + verb	*It's a thing with which you . . .*

UNIT 3
Asking for information

It is always worth checking even the simplest of procedures. Buying a rail ticket can cost you a lot less than you think if you take advantage of the *SNCF*'s many *tarifs réduits* available to certain categories of passengers. Find out what time the dry cleaner's shuts or exactly how much the car rental agency will charge if you return the vehicle a bit late.

Don't be shy! Be polite! Ask!

Introduction

 ### Vous avez compris?

Ecoutez la série de trois petits dialogues enregistrés puis indiquez celles des phrases suivantes qui sont justes et celles qui sont fausses. Corrigez les fausses si possible.

1. Gillian veut trouver un téléphone.
2. Il y en a un en face de l'acceuil.
3. Gillian ne comprend pas les instructions.
4. Elle doit mettre un franc pour avoir la tonalité.
5. Elle doit mettre 3F pour téléphoner à Paris.
6. Madame Boisson habite 181, Boulevard St. Germain.
7. Son numéro de téléphone est 47.14.02.36.

Lexique

la cabine téléphonique	*telephone box*
tant pis	*what a pity*
indiquer	*to point out, indicate*
en face (de)	*opposite*
à côté (de)	*beside*
l'accueil	*welcome, reception*
une affiche	*poster*
mettre	*to insert*
la tonalité	*dialling tone*
composer	*to dial*

24

A vous de lire à deux

1

GILLIAN   Pardon, Monsieur – pourriez-vous me dire où se trouve la cabine téléphonique la plus proche?

PASSANT 1   Non, désolé, je n'sais pas.

GILLIAN   Tant pis, merci .... Excusez-moi, Madame. Pourriez-vous m'indiquer où est-ce qu'il y a une cabine téléphonique par ici?

PASSANTE 2   Mais, bien sûr, Mademoiselle.... Vous voyez? Il y en a juste en face, à côté de l'accueil.

GILLIAN   Ah oui, merci beaucoup, Madame.

2

GILLIAN   Excusez-moi, Monsieur, pourriez-vous m'expliquer ce qui est écrit sur l'affiche?

PASSANT 3   Il faut que vous mettiez une pièce d'un franc pour avoir la tonalité. Est-ce que c'est en France que vous téléphonez?

GILLIAN   Ah oui, à Paris. Mais, je ne connais pas le numéro.

PASSANT 3   Dans ce cas, vous appelez les renseignements. Mettez 3F et composez le 12.

GILLIAN   Je vous remercie.

PASSANT 3   De rien.

3

TÉLÉPHONISTE   Renseignements, bonjour.

GILLIAN   Bonjour, je voudrais savoir le numéro de Madame Nathalie Boisson à Paris.

TÉLÉPHONISTE   Quelle adresse?

GILLIAN   191, Boulevard St. Germain.

TÉLÉPHONISTE   47.42.60.36.

GILLIAN   47.42.60.36. Merci.

TÉLÉPHONISTE   Je vous en prie, au revoir.

Travail individuel

1.   Traduisez ces conversations en anglais.
2.   Sans regarder les textes originaux, retraduisez vos versions en français. Comparez vos versions aux originaux.

Exercices

1 See *Explications 1, 2, 3.*

Pierre has been involved in a road accident and is now being treated in hospital. His friends and family anxiously pass the news around.

   Provide questions to elicit the ten *réponses* below. You should aim at supplying three different questions, using various question forms, for each *réponse*, for example:

Réponse: Mais oui, il est à l'hôpital depuis 9h.

Question 1:   Il est gravement blessé, Pierre? (Int.)

Question 2:   Est-il encore à l'hôpital? (Inv.)

Question 3:   Est-ce que c'est sérieux? (Est-ce que)

Réponses

1. Mais non, il va mieux maintenant.
2. Oui, c'est vrai. Il conduit trop vite.
3. Oui, il a perdu connaissance.
4. Oui, il était seul.
5. Non, sa bagnole est totalement fichue.
6. Sylvie? Non, j'ai essayé de lui téléphoner. Mais elle n'est pas chez elle.
7. Sa mère? Oui, elle devrait arriver bientôt.
8. Non, son père est en Espagne. Il n'en sait rien.
9. Oui, le cycliste est gravement blessé aussi.
10. Non, merci quand même, mais je n'ai pas faim.

2 See *Explications 4.*

Remplissez les blancs à l'aide des mots entre parenthèse, par exemple:

Combien de raisins as-tu déjà mangés? (how many)

1. _____ est cet enfant? (who)
2. _____ ça s'est passé? (how)
3. _____ tu vas faire cela? (where)
4. _____ tu vas rentrer maintenant? Tu as beaucoup de temps. (is it that)
5. _____ aller à St. Pierre, en car? (how)
6. _____ va-t-il arriver, le prochain train? (when)
7. _____ est-ce qu'il arrive? (at what time)
8. _____ est l'arrêt d'autobus? (where)
9. _____ il veut une glace, le petit? (is it that)
10. _____ d'enfants sont là? (how many)

3 See *Explications 4.*

Choose from the list of words meaning "what/which" to fill in the blanks in these questions.

1. _____ il veut, le petit?
2. _____ tu as fait?
3. _____ se passera demain?
4. _____ vélo est-ce que tu veux?
5. _____ as-tu choisi?
6. Derrière _____ est-ce qu'il l'a posé?
7. Vous voudriez _____ ?
8. _____ temps fait-il?
9. _____ vous voulez faire?
10. _____ veux-tu pour Noël?

4 See *Explications 5.*

Practise using a variety of question starters to ask for the following information, for example:

le prix de ce journal anglais
Either: Je voudrais savoir le prix de ce journal anglais.
Or: Vous serait-il possible de me dire combien coûte ce journal anglais?
Or: Pourriez-vous me dire combien coûte ce journal anglais?

1. l'emplacement des téléphones
2. le prix de ce dictionnaire
3. qui s'occupe des réservations
4. l'heure du départ du prochain avion pour Edimbourg
5. quand arrivera le prochain train de Tarbes
6. où on peut faire réparer les talons
7. quel pantalon est le moins cher
8. pourquoi l'autobus a du retard
9. comment aller à la plage
10. ce qui est arrivé ici

A vous de parler

1 Conversation A

Refer to *Exercises 1, 2, 3, 4* of this unit, and with a partner use a selection of these questions and answers to initiate a short conversation between two people. Try to make your dialogue as imaginative and humorous as possible. For example:

Exercise 4 (10)

A Pourriez-vous me dire ce qui est arrivé ici?
B Mais, rien du tout, Monsieur.
A Rien du tout? Alors, voulez-vous m'expliquer pourquoi il n'y a pas de chaises ni de tables dans ma salle de classe?
A Ah, bon. Euh alors, . . . c'est une longue histoire . . . .
B J'écoute . . . .

2 Conversation B

Make up a conversation between a French tourist and a French-speaking employee of your local tourist information centre. The tourist makes some enquiries.

1. Making a reservation on a bus tour of the local area (price, times of departure, length of tour, meeting point, possibility of a French commentary).
2. The possibility of sampling an Indian curry at a good restaurant.
3. Telephoning France (codes necessary, price).

3 Conversation C

Make up a conversation between your French-speaking penfriend and yourself. You are trying to study, but your French friend has to compile information for a project based on his/her stay in your town. Reluctantly you provide the friend with the necessary facts and figures.

1. How many pupils attend your school.
2. At what age the pupils start and finish at your school.
3. What young people do in their spare time.
4. What the local delicacy is called, and what it is exactly, for example: haggis (sheep's stomach).
5. What the No. 1 is in the Top 20.
6. The price of singles and albums.

Lexique

au hit parade	*in the Top 20*
le 45 tours	*a single*
le 33 tours	*an album*

Explications

There are four key patterns for asking questions:

1. Intonation
2. Inversion
3. *Est-ce que*
4. Question words

Each of these patterns can be used individually – see sections 1, 2, 3 and 4 – or combined with another pattern and a question starter – see sections 4 and 5.

1 Intonation

Intonation (Int.) is an informal, but quite acceptable way of asking a question. Simply raise, rather than lower, the tone of your voice at the end of a statement. For example:

Statements:	Il est malade.	He is ill.
	Il n'est pas malade.	He is not ill.
Questions:	Il est malade?	Is he ill?
	Il n'est pas malade?	Isn't he ill?

By adding the phrase *n'est-ce pas* ("isn't he?", won't we", "will you?", etc.) to the end of a statement, you can ask if something is true. For example:

Il est malade, n'est-ce pas?   *He is ill, isn't he?*

2 Inversion

Inversion (Inv.) is a more formal way of asking a question. The usual position of subject–verb is inverted, and a hyphen inserted in between. For example:

Statements:	Il est malade.
	Il n'est pas malade.
Questions:	Est-il malade?
	N'est-il pas malade?

In the 3rd person singular, *-t-* may be required to avoid the juxtaposition of two vowels. For example:

A-t-elle faim?

N'a-t-elle pas faim?

If the subject of the question is a noun or proper noun, it is more natural to repeat the subject, using a subject pronoun. This is known as a double subject.

1. Le docteur est parti?   Le docteur n'est pas parti?

   (single subject – grammatically correct)

2. Il est parti, le docteur?   Il n'est pas parti, le docteur?

   (double subject – grammatically correct and more acceptable in speech)

3. Le docteur, est-il parti?   Le docteur, n'est-il pas parti?

   (double subject, inversion – grammatically correct and more acceptable in speech)

3 Est-ce que

Est-ce que literally means "is it that". It is always placed at the start of a question, and no inversion is required. For example:

Est-ce qu'on rentre maintenant?   *Shall we go back now?*

Est-ce qu'il est encore malade, Pierre?   *Is Pierre still ill?*

(Note the double subject because of the noun *Pierre*.)

4 Question words

Question words alone can signify a question, or they can be combined with *intonation, inversion* and *est-ce que*. They can be placed at the beginning or end of a question.

1. Note the diversity of the use of question words in the following examples.

combien	Combien d'argent as-tu?	(question word, inversion)
comment	Comment va-t-on en ville?	(question word, inversion)
où	Où il est?	(question word, intonation)
pourquoi	Pourquoi n'es-tu pas arrivé à temps?	(question word, inversion)
quand	Il est malade depuis quand?	(intonation, question word)
qui	Qui est-ce que tu as vu?	(question word, *est-ce que*)

2. Question words can combine with an infinitive. The result is a question with a rather forceful tone. For example:

Pourquoi y aller? *Why go there? (You may insinuate – Do we really have to . . .?)*

Comment aller à Paris? *How does one get to Paris? (For example – without money.)*

3. The words for "what" and "which" have their individual peculiarities. Where Inv. is not stated it is optional, although formal speech as well as written French will always require Inv. where possible.

Que (+ Inv.)	Que veux-tu?	*What do you want?*
*Qu'est-ce que (+ pronoun + no Inv.)	Qu'est-ce qu'il fait?	*What is he doing?*
*Qu'est-ce qui (+ verb + no Inv.)	Qu'est-ce qui est arrivé?	*What has happened?*
Quel(le)(s) (+ noun)	Quelle heure est-il?	*What time is it?*
Quoi (at the end of a statement or at the beginning with a preposition)	Tu as fait quoi? Avec quoi as-tu écrit cela?	*What have you done?* *What did you write that with?*
Lequel, laquelle, etc. (like *quoi*, can be placed at the end of a statement)	Tu veux lequel? Lequel veux-tu?	*Which one do you want?* *Which one do you want?*

*Note that if you use a question starter with *qu'est-ce que* or *qu'est-ce qui*, these words are contracted to *ce que* and *ce qui*. For example:

Qu'est-ce que tu fais là? *What are you doing there?*

becomes:

Te serait-il possible de me dire ce que tu fais là? *Could you possibly tell me what you're doing there?*

Likewise:

Qu'est-ce qui est arrivé? *What's happened?*

becomes:

Je veux savoir ce qui est arrivé. *I want to know what's happened.*

5 Question starters

You may introduce your question with a version of one of these
question starters:

Je veux savoir . . .   *I want to know . . .*

Je voudrais savoir . . .   *I would like to know . . .*

Pourrais-tu
        m'expliquer . . .   *Could you explain to me . . .*
Pourriez-vous

Veux-tu
        lui dire . . .   *Will you tell him . . .*
Voulez-vous

Il te   serait possible de   *Could you possibly show*
Il vous leur montrer . . .   *them . . .*

Te   serait-il possible de
                       Could you possibly show us . . .
Vous nous indiquer . . .

For example:

Pourriez-vous me dire à quelle   *Could you tell me at what time*
heure arrivera le prochain train   *the next train arrives from*
d'Antibes?   *Antibes?*

Il vous serait possible de   *Could you tell me how to get*
m'expliquer comment aller à   *to St. Pierre?*
St. Pierre?

UNIT 4
A question of permission

The question of seeking permission will arise in various situations, for example, parking a vehicle in what may be restricted zones, smoking restrictions, and reserving tickets in advance. You may also find yourself having to grant or refuse somebody permission to do something, if you are in a position of responsibility – say as an employee in France.

Remember – ignorance of the law is not an acceptable defence for misdemeanours, so find out about different rules and regulations before, not after, you act.

Introduction

Vous avez compris?

Ecoutez la conversation enregistrée. Un groupe d'enfants vient d'arriver dans une colonie de vacances. Remplissez les blancs dans les phrases suivantes.

1. Les enfants peuvent _____ si un moniteur les accompagne.
2. Il est interdit d' _____ ses copains dans les autres dortoirs.
3. On peut _____ tous les jours.
4. Il n'est pas permis de _____ à la piscine.
5. Il faut _____ après les repas.
6. Il ne faut pas _____ trop tard si on veut être en pleine forme le lendemain.

Lexique

la colonie de vacances	*holiday camp*
le dortoir	*dormitory*
la veillée	*the evening's activities*
faire la foire	*to whoop it up*
faire durer quelque chose	*to make something last*
aux petites heures	*in the early hours*
en pleine forme	*fit and healthy*
se balader	*to go for a stroll*
se plaindre	*to complain*

A vous de lire à deux

Arrivée dans une colonie de vacances.

MONITEUR	Shh ... shh.... Bon. Tout le monde est installé? Vous avez tous un lit?
ENFANTS	Oui, M'sieur!
MONITEUR	D'accord. On va organiser la veillée maintenant.
ENFANT	Est-ce qu'on pourra descendre au village le soir?
MONITEUR	C'est possible. Mais il faut qu'au moins un moniteur soit avec vous.
ENFANT	Et est-ce qu'on pourra aller voir les copains dans les autres dortoirs?
MONITEUR	Pas question! Il est interdit d'aller faire la foire dans les autres dortoirs. Chacun chez soi. Les dortoirs sont des lieux de repos.
ENFANT	Et la piscine? On pourra y aller tous les jours?
MONITEUR	Bien sûr. C'est la principale activité.
ENFANT	On peut y pique-niquer?
MONITEUR	Non. Il n'est pas permis d'emporter à manger là-bas. Il faudra y aller l'après-midi, après le repas.
ENFANT	On peut faire durer la veillée aussi longtemps qu'on veut?
MONITEUR	Sûrement pas! On ne peut pas se coucher après l'heure si on veut être en pleine forme le lendemain pour se balader.
ENFANT	Ouh! C'est la prison!
ENFANTS	Oui ... Oh non ....
MONITEUR	Ne vous plaignez pas ou j'interdis tout!

Trouvez l'équivalent

Sans regarder le texte, dites ces expressions en français:

Will we be able to go down to the village in the evenings?

Will we be allowed to go and see our friends in other dormitories?

And what about the swimming pool, are you allowed to go there every day?

Can you have picnics there?

Can we make the evening's activities last for as long as we want?

Exercices

1 See *Explications 1, 2, 4.*

Using the signs opposite, practise requesting and refusing permission. Try to use a variety of structures for each sign. For example:

Request: Il est interdit de klaxonner ici?

Refusal: Oui, oui, c'est interdit.

34

Or:

Request: On peut klaxonner ici?

Refusal: Non, il n'est pas permis de klaxonner ici.

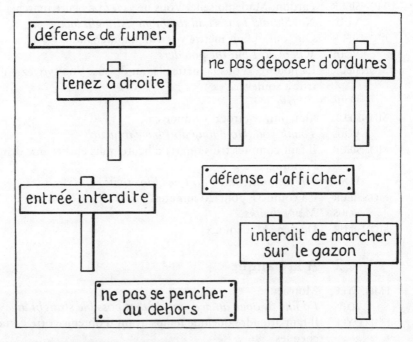

2   See *Explications 1, 2, 3, 4.*

Here is an account of Susan's cross-channel journey with a group of
French pupils. Put the account into direct speech, thus making a
dialogue like the one on p. 34. For example:

Alors, je leur ai expliqué que le voyage durait deux heures et demie.

SUSAN   Bon, alors écoutez! Le voyage va durer deux heures et demie. Mon
Dieu, quelle corvée ce voyage.

Martin voulait savoir si on pourrait aller tout de suite au café-
restaurant. Je lui ai expliqué qu'il n'ouvrirait qu'à dix heures mais
qu'il serait permis d'y prendre une boisson. Puis il m'a demandé si on
pourrait essayer les gilets de sauvetage. Il a ajouté qu'il avait peur.
Bof! J'ai répondu qu'il n'en était pas question. Puis Jeanne voulait
savoir si elle pourrait acheter des cigarettes – "pour son père",
m'a-t-elle assuré. Je ne te raconte pas ma réaction! Le petit Martin
s'est renseigné sur la possibilité d'acheter du whisky – pour sa mère.
Je lui ai dit que c'était interdit aux moins de 18 ans. François avait
remarqué qu'on projetterait un film pendant la traversée et voulait
savoir s'il serait permis d'acheter les billets. J'ai répondu que ça serait
une super idée. Martin ne voulait pas regarder le film. Il voulait aller
voir le capitaine . . .

A vous de parler

1 A la laverie automatique

MONSIEUR Pardon, Mademoiselle. Vous ne savez pas faire marcher la machine?
VOUS *No. Should I insert all the money straight away?*
MONSIEUR Oui, oui, il faut mettre vos 10F maintenant.
VOUS *Where do I put the powder?*
MONSIEUR La poudre? Vous la mettez là, au-dessus. Vous voyez – il y a un petit truc à soulever.
VOUS *A "truc"?*
MONSIEUR Oui, oui, regardez. Comme ça.
VOUS *Thank you. How long do I have to wait?*
MONSIEUR Il faut compter trois quarts d'heure, puis encore une demi-heure pour l'essorage.
VOUS *Oh yes, how much do I need for that?*
MONSIEUR Ça coûte 5F pour 20 minutes.
VOUS *Many thanks.*
MONSIEUR De rien, Mademoiselle.

2 A la banque

EMPLOYÉE Monsieur?
VOUS *I'd like to open an account. Is that possible straight away?*
EMPLOYÉE Il faut attendre quelque temps avant d'obtenir votre carnet de chèques.
VOUS *Do I have to deposit money now?*
EMPLOYÉE Non, vous pouvez attendre votre prochain salaire.
VOUS *Will I be able to get a statement of account* (un relevé bancaire) *every month?*
EMPLOYÉE Oui, naturellement. Si vous voulez remplir cette fiche et vous adresser à ma collègue pour plus amples détails.
VOUS *Thanks a lot.*
EMPLOYÉE Il n'y a pas de quoi, Monsieur. Au revoir.

3 Suzanne is getting tired of her old, unreliable 2CV. Read her account of why she arrived late for work and rewrite it in the form of two dialogues, firstly between Suzanne and Monsieur Truc, and then Suzanne and her friend at work.

Il va falloir qu'on change cette voiture. Je ne tiens plus! Ce matin, je ne suis pas arrivée à faire démarrer la bagnole, donc j'ai demandé à Monsieur Truc, tu sais, notre nouveau voisin, de pousser cet engin de malheur. Heureusement, il a dit oui et a proposé que je me mette au volant. Il m'a dit de passer la seconde et d'embrayer dès qu'elle aurait pris suffisamment de vitesse. J'ai fait tout ça et ... on a commencé à rouler. Une fois partie, je n'ai pas osé m'arrêter pour le remercier, de peur que la voiture ne reparte pas. Il doit m'avoir trouvée plutôt ingrate!

4 A mother warns her two children about the behaviour she expects from them during their holiday at their grandparents' house.

PARENT Bon, il faut finir de préparer vos bagages.

MARC *Can I take my radio?*

PARENT Tu n'en as pas besoin à la campagne. Pépé et Mémé en ont une, de toute façon.

CLARISSE *Can I take my blue trousers?*

PARENT Sûrement pas. Pour tout l'abîmer. Tu devrais prendre ton vieux velours marron.

CLARISSE *But they're all worn out. I can't put them on to go out!*

PARENT D'abord, il n'est pas question que vous sortiez sans vos grand-parents. Vous devrez être obéissants, vous deux.

MARC *Will I be able to go hunting with Pépé?*

PARENT A ton âge – aller chasser? Non, tu ne pourras pas. C'est trop dangereux.

CLARISSE *What are we going to be able to do then?*

PARENT Il faudra aider aux travaux de la ferme. Vous devrez surveiller le bétail et aider dans les champs. Il faudra aider Grand-mère dans la maison. Vous pourrez vous promener dans les bois, parfois. Je vous envoie là-bas pour bien vous occuper.

MARC ET CLARISSE Bah! Tu parles des vacances!

5 Make up a dialogue where you are testing a friend on his/her knowledge of the Highway Code. For example:

Questions: On peut stationner ici?

Qu'est-ce qu'il indique, ce panneau-là?

Réponses: (Non.) Il est interdit de stationner ici.

(Non.) On ne peut pas stationner ici.

(Non.) Il est défendu de stationner ici.

Using the symbols below, test your friend before his/her driving test.

6 Two new boarding school pupils

Enact a dialogue where a new pupil at a boarding school asks an older pupil about the rules of the institution. The rules are:

Lycée d'Etat Edgar Quinet
Règlement d'internat

6h 50 : Lever.

7h 20 : Les élèves doivent quitter le dortoir et se diriger vers le réfectoire.

7h 45 : Les élèves doivent quitter le réfectoire et se diriger vers leurs salles de cours.

12h-13h : Les élèves doivent se rendre au réfectoire selon le service attribué à leur classe. Les élèves ne peuvent pas changer de service.

18h 30 : Dîner.

19h 30 : Les élèves doivent se rendre soit en salle d'étude, soit au foyer récréatif.

21h : Montée aux dortoirs.

22h : Extinction des feux.

Explications

1 Use of "on"

This pronoun literally means "one" as in "one does like cucumber sandwiches, doesn't one?". However in French, the use of this pronoun conveys familiarity as well as formality.

1. *On* is used for generalisations where in English we might use the pronoun "you", for example:

   On peut acheter des escargots ...
   You can buy snails ...

2. It is used instead of the pronoun *nous*, for example:

   On va à la piscine?
   Are we going to the swimming pool?

   Instead of:

   Nous allons à la piscine?
   Are we going to the swimming pool?

2 Asking for permission

One way of asking for permission is to use *pouvoir* + infinitive:

(Est-ce qu') on peut + infinitive?   *Can we ...?*

(Est-ce qu') on pourra + infinitive?   *Will we be able to ...?*

(Est-ce qu') on pourrait + infinitive?   *Could we ...?*

Note that, as usual, the conditional tense conveys politeness and formality.

You can also use these structures:

Il est permis de + infinitive	Il est permis de fumer?	*Is smoking allowed?*
Il est interdit de + infinitive	Il est interdit de fumer?	*Is smoking prohibited?*

	me		
	te		
	lui		
Il	faut + infinitive	il me faut attendre ici?	*Do I have to wait here?*
	nous		
	vous		
	leur		

3 Granting permission

Oui, oui, on peut + infinitive	*Yes, one/you/we can . . .*
Oui, oui, vous pouvez + infinitive	*Yes, you can . . .*
Bien sûr.	*Of course.*
C'est possible.	*It's possible.*
Oui, il est permis de + infinitive	*It's allowed to . . .*

4 Refusing permission

Mais non, on ne peut pas + infinitive	*No, one/you/we cannot . . .*
Non, vous ne pouvez pas + infinitive	*No, you can't . . .*
Pas question.	*Out of the question.*
Hors de question.	*Out of the question.*
C'est impossible.	*That's impossible.*
Ça, ce n'est pas possible.	*That's impossible.*
Il n'est pas permis de + infinitive	*One's not allowed to . . .*
Il est interdit de + infinitive	*One's not allowed to . . .*
Certainement pas.	*Certainly not.*

UNIT 5
Asking for and giving advice

The importance and relevance of this unit is self-evident. So, without more ado get started and find out how to discover where the locals eat, where they buy their clothes and which butcher sells the best *saucisson* .... You'll also learn how to *give* advice, should the occasion arise.

Introduction

 ### Vous avez compris? (1)

Ecoutez le dialogue enregistré, puis répondez aux questions suivantes.

1. Why is Florence in such a panic?
2. Why are Jean and Anna surprised about the news?
3. Apart from her luggage, what else worries Florence?
4. How does Anna try to reassure Florence?
5. Which three problems does Florence envisage regarding the first few days after her arrival?
6. Why does Jean interrupt Florence and what course of action does he suggest?

Lexique

salut!	*hi!*
la dernière	*the latest*
se marrer	*to have a good time*
un conseil	*a piece of advice*
le logement	*accommodation*
s'affoler	*to drive oneself mad*
s'en sortir	*to manage, cope*
se faire des copains	*to make friends*
un compte bancaire	*a bank account*
s'y prendre	*to go about something, to manage to do something*
prendre un pot	*to have a pint*

p.40

A vous de lire à deux

JEAN	Ah, Florence!
FLORENCE	Salut, vous deux! Vous savez la dernière? Je pars comme assistante en Ecosse!
ANNA	Super! Tu vas te marrer. C'est là où on était.
FLORENCE	Je sais bien. C'est pour ça que j'ai besoin de vos conseils. Je panique au maximum. Comment je vais faire pour mes bagages? Et puis, je ne suis pas sûre que l'école me trouve un logement ....
ANNA	Ne t'affole pas. Il y a toujours des gens pour t'aider.
FLORENCE	Oui, mais qu'est-ce que je vais pouvoir faire les premiers jours? Comment je vais m'en sortir avec leur accent? Où est-ce qu'il faut aller pour se faire des copains? Vous connaissez des gens à Glasgow? Et pour un compte bancaire? Comment est-ce qu'on s'y prend? Et puis ....
JEAN	Oh! Du calme! Arrête un peu. Si tu nous demandais calmement des explications, ça irait mieux. On va prendre un pot quelque part.

Trouvez l'équivalent

Relevez dans le texte les équivalents en français des locutions en anglais ci-dessous.

I need your advice.

What am I going to do with my luggage?

What am I going to be able to do for the first few days?

How am I going to cope with their accent?

Where do I go to make friends?

And what about a bank account?

How am I going to manage (that)?

Travail à deux

One partner reads the parts of both Jean and Anna. The other uses only the English prompts below to play the role of Florence.

1. Say – *Hi, you two! Have you heard the latest? I'm going to Scotland as an assistant!*
2. When told of the coincidence, say – *I know that. That's why I need your advice. I'm panicking like mad. What am I going to do with my luggage? And also, I'm not sure that the school will find me accommodation ....*
3. Say – *yes, but what'll I be able to do the first few days? How am I going to cope with their accent? Where do I go to make friends? Do you know people in Glasgow? And what about a bank account? How am I going to manage that? And ....*

41

Vous avez compris? (2)

Ecoutez le dialogue enregistré. Répondez aux questions ci-dessous.

1. How does Anna reassure Florence that she won't be lonely?
2. What suggestion does Jean make to help Florence from feeling lonely?
3. What advice does Florence receive regarding money?
4. What does Jean say about transporting luggage? Give details of his own experiences.
5. How does Jean suggest that Florence avoids the same difficulties?
6. Anna suggests that there is an ulterior motive behind Jean's generosity. Give details.

Lexique

être tout(e) seul(e)	*to be alone*
accueillir	*to welcome*
la fac/la faculté	*Uni/University*
se renseigner (sur quelque chose)	*to enquire (about something)*
trimbaler	*to drag, trundle*
ça met ...	*it takes ...*
parler de	*to speak about*
chouette	*great*

A vous de lire à deux

ANNA   Alors, qu'est-ce que tu veux savoir?

FLORENCE   Et bien, voilà, est-ce que je vais être toute seule?

ANNA   Mais non. Il y aura quelqu'un pour t'accueillir. Il ne faut pas t'inquiéter.

FLORENCE   Tu en es sûre?

JEAN   Ecoute, il faudrait que tu ailles à l'Institut Français. Ils sont très sympas et ils peuvent t'aider pour trouver un logement, par exemple.

FLORENCE   Vous savez si je pourrais suivre des cours?

ANNA   Tu dois aller à la fac pour te renseigner, mais tu pourrais aussi demander aux profs de l'école; ils doivent savoir quoi faire.

FLORENCE   Et pour l'argent? C'est compliqué pour ouvrir un compte?

JEAN   Mais non. Va à la banque la plus proche d'où tu habites. Si tu expliques que tu es assistante, il ne devrait pas y avoir de problème, parce qu'ils aiment les étrangers.

FLORENCE   Bon. Oh! Au fait – mes bagages. Vous verriez la tonne que je vais trimbaler! Je peux les envoyer avant?

JEAN   Tu parles! Ça met toujours un temps fou pour arriver! J'ai dû attendre mes pulls un mois. Je ne te parle pas du froid – surtout en Ecosse.

FLORENCE   Alors, j'en fais quoi?

JEAN   Je veux bien t'aider à les porter. Ce serait chouette de retourner là-bas.

ANNA   Dis plutôt que ce serait bien d'accompagner Florence ....

Travail à trois

Two members of the group should read the parts of Anna and Jean. The person playing Florence should use only these English prompts to play her part.

1. When asked what you want to know, say – *well, am I going to be lonely?*
2. Ask – *are you sure (about that)?*
3. Ask – *do you know whether I could take some courses?*
4. Ask – *what about money? Is it complicated to open an account?*
5. Say – *good! Oh, and what about my luggage? If you saw the ton-weight which I'm going to have to trundle about!*
6. When told of Jean's long wait for his luggage, ask – *well, what do I do about it?*

Trouvez l'équivalent

Essayez de vous rappeler les équivalents en français des locutions suivantes:

You mustn't worry.

You should go to the French Institute.

You must go to the Uni to find out.

Go to the bank nearest to where you live.

There shouldn't be any problems.

Comparez vos essais aux originaux.

Exercices

1   See *Explications 1, 2.*

You have put off writing a difficult letter till the last minute. Using the structures outlined in *Explications 1, 2,* express the following requests for advice in French.

1. What am I going to do about this letter?
2. How do I reply to this invitation?
3. What should I do?
4. How does one begin?
5. How am I going to explain it to her?
6. What should I say to her?
7. And what about a stamp?
8. Where am I going to get a stamp at this time (hour)?
9. And what about the address?
10. How am I going to get (obtain) the address?

2 See *Explications 3*.

Using the verb *devoir*, express the following pieces of advice in French using the:

a. *vous* form
b. *tu* form

1. You must reply straight away.
2. You will have to say no.
3. You should have told her before.
4. One must write "Dear Anne".
5. You must be honest.
6. You should have considered this before.
7. You should have bought a stamp this afternoon.
8. You'll have to wait till tomorrow morning.
9. You'll have to look for it in the telephone directory.
10. You must find it yourself.

3 See *Explications 4*.

Rewrite these sentences, inserting the correct form of the subjunctive mood of the verb in brackets. For example:

Il faut que tu *reviennes*. (revenir)

1. Il faut que vous _____ une lettre. (écrire)
2. Il faut que nous _____ vite. (manger)
3. Il faut qu'elle _____ sa maison. (vendre)
4. Il faut que tu _____ sage. (être)
5. Il faut qu'elles _____ ici. (rester)
6. Il faut que vous _____ cela. (finir)
7. Il faut que je m'en _____ . (aller)
8. Il faut que vous _____ tout de suite. (rentrer)
9. Il faut qu'il _____ . (étudier)
10. Il faut que je _____ le petit déjeuner. (prendre)

4 See *Explications 4*.

Alter each of the sentences in *Exercice 3* so that an indirect object pronoun is used with an infinitive, instead of using the subjunctive mood, for example:

Il faut que tu reviennes.

becomes:

Il *te* faut revenir.

And likewise:

Il faut que vous soyez sage.

becomes:

Il *vous* faut être sage.

A vous de parler

1 Au secours!

Vous êtes en France avec un copain. Il vous arrive de véritables catastrophes! Vous discutez de ce qu'il faut faire. Employez les dix situations ci-dessous pour:

a. demander des conseils
b. donner des conseils

For example:

Vous avez perdu votre porte-monnaie dans la rue.

Demandez des conseils: Qu'est-ce que je vais faire? Je ne trouve pas mon porte-monnaie.

Donnez des conseils: Il te faut vérifier qu'il ne soit pas dans une de tes poches.

1. Vous sortez du bus. Vous vous rendez compte que vous avez laissé votre "Walkman" dans le bus.
2. Vous avez perdu vos clefs de voiture. Vous avez votre voiture dans un parking qu'on va fermer dans une heure.
3. Vous avez raté le dernier train.
4. Vous arrivez au port. Les employés de Sealink font grève.
5. A la plage. Votre petit frère a disparu.
6. A l'aéroport. Il faut descendre au premier étage. Vous avez peur des escaliers roulants.
7. Vous avez faim et voulez essayer la cuisine chinoise.
8. Vous voulez acheter des produits de maquillage "Yves Rocher".
9. Vous avez perdu votre billet de train.
10. Vous voulez téléphoner à un ami. Vous n'avez plus d'argent.

Explications

1 Asking for advice

To ask for general advice, use any of the following starters:

Comment je vais faire pour (mes bagages)?	*What am I going to do about (my luggage)?*
Qu'est-ce que je vais faire pour (l'argent)?	*What am I going to do about (money)?*
Comment est-ce qu'on (ouvre un compte bancaire)?	*How does one/do you (open a bank account)?*

If you have a list of areas where you need advice, begin the series with one of the question starters above and then one by one list the problem areas using question intonation. For example:

Qu'est-ce que je vais faire pour le logement ... et mes bagages? ... et le voyage?

2 Asking for information

To ask for specific items of information revise the question words on p. 30. You may use any of these to ask for specific details of where, when, how, who, etc.

3 Giving advice

There are several suitable ways to give advice politely. The most common are to use *devoir* + infinitive or *falloir* + infinitive or *falloir* + subjunctive.

4 Devoir faire quelque chose

devoir faire quelque chose			*to have to do something*
present	tu dois	demander	*you must ask*
future	tu devras	finir	*you will have to finish*
conditional	tu devrais	vendre	*you should sell*
conditional perfect	tu aurais dû	te renseigner	*you should have enquired*

5 Falloir faire quelque chose

Falloir faire quelque chose is always used in the 3rd person singular (*il*).

falloir faire quelque chose — to be necessary to do something

present	il faut	demander	*it is necessary to ask*
	il te faut	demander	*you must ask*
future	il faudra	finir	*it will be necessary to finish*
	il te faudra	finir	*you must finish*
conditional	il faudrait	vendre	*one should sell*
	il te faudrait	vendre	*you should sell*
conditional perfect	il aurait fallu	partir	*one should have left*
	il t'aurait fallu	partir	*you should have left*

6 Falloir + subjunctive

Falloir + the subjunctive mood is useful for giving specific advice to one person or group of people.

falloir + subjunctive

present	il faut que tu	demandes	*you must ask*
future	il faudra que tu	finisses	*you will have to finish*
conditional	il faudrait que tu	vendes	*you should sell*
conditional perfect	il aurait fallu que tu	*vendes	*you should have sold*

*It would be more correct to say *Il aurait fallu que tu aies vendu ...*, i.e. to use the perfect subjunctive. However, the present subjunctive is acceptable.

To form the subjunctive mood find the stem of the verb which follows *falloir* by taking the *ils* form of the present tense and dropping the *-ent* ending, for example:

finir	ils finissent	*stem:*	finiss___
demander	ils demandent	*stem:*	demand___
vendre	ils vendent	*stem:*	vend___

Now add the subjunctive mood endings to the stem. The subjunctive endings are:

je finiss	**–e**
tu finiss	**–es**
il demand	**–e**
nous demand	**–ions**
vous vend	**–iez**
ils vend	**–ent**

For example:

il faut que	je	finisse	demande	vende
il faut que	tu	finisses	demandes	vendes
il faut qu'	il	finisse	demande	vende
il faut que	nous	finissions	demandions	vendions
il faut que	vous	finissiez	demandiez	vendiez
il faut qu'	ils	finissent	demandent	vendent

Être, aller and *faire* are exceptions and have irregular subjunctive forms.

	être	**aller**	**faire**
je	sois	aille	fasse
tu	sois	ailles	fasses
il	soit	aille	fasse
nous	soyons	allions	fassions
vous	soyez	alliez	fassiez
ils	soient	aillent	fassent

UNIT 6
Obtaining goods and services

Simple transactions can be made on the most basic linguistic level.
Facial expression and gesticulation are often enough to see you
through a visit to the market. If, however, you want to communicate
on a more sophisticated level, for example, to ask about the
availability of a specific item, or to persuade someone to provide a
service for you, then your command of French must be up to it.

Having studied this unit you should, in theory, be able to obtain
anything from anyone!

Introduction

 ### Vous avez compris?

1. Catherine et Sophie vont faire du camping, mais elles ont besoin
   d'un tas de choses. Ecoutez leurs conversations enregistrées. Puis
   divisez les objets suivants en deux listes:

   a. Nous avons déjà...
   b. Il nous faut

   un bleuet (une marque de camping-gaz – expression familière)

   des couverts

   des gourdes (pour porter l'eau)

   une lampe de poche

   un ouvre-boîte

   un ouvre-bouteille

   des plats en aluminium

   deux sacs à dos

   deux sacs de couchage

   une tente

2. Ecoutez encore une fois les dialogues, puis indiquez celles des phrases qui sont justes et celles qui sont fausses. Si l'affirmation est fausse, essayez de la corriger.

1. M. Martin s'y connaît en camping.
2. Les deux filles veulent aller à la mer ce week-end.
3. M. Martin a une femme canadienne.
4. Sa tente est facile à porter.
5. M. Martin ne fait pas confiance aux jeunes filles.
6. Ils vont, tous les trois, chercher les sacs de couchage.

Lexique

j'en ai pas (slang)	*I haven't got anylone*
j'y pense	*I'm thinking about it*
être calé pour quelque chose	*to be well up on something*
prêter quelque chose à quelqu'un	*to lend something to someone*
c'est bien nous	*it's typical of us*
projeter de faire quelque chose	*to plan to do something*
il nous manque	*we have not got*
la randonnée	*rambling*

A vous de lire à deux ou à trois

Catherine et Sophie vont faire du camping.

CATHERINE   Bien, on n'a pas tout le matériel. Qu'est-ce que tu as, toi? Moi, j'ai une lampe de poche, un ouvre-boîte et un ouvre-bouteille.

SOPHIE   Et moi, j'ai des couverts .... Eh, Catherine, t'as même pas de tente?

CATHERINE   Non, j'en ai pas. Mais j'y pense. Tu sais, Monsieur Martin, notre voisin, il est calé pour ce qui est camping.

SOPHIE   Oh oui, ce serait une super idée d'aller lui demander de nous prêter le nécessaire vital!

CATHERINE   Allez, on y va! C'est bien nous d'organiser une sortie-camping sans rien avoir.

M. MARTIN   Bonjour, vous deux. Que puis-je pour vous?

CATHERINE   Bonjour, Monsieur Martin. Voilà! Nous avons projeté d'aller camper en montagne pour le week-end, mais il nous manque presque tout le matériel.

M. MARTIN   Je vois! Qu'est-ce qu'il vous faudrait?

SOPHIE   Nous voudrions tout d'abord une tente .... Est-ce que vous pourriez nous prêter votre canadienne?

M. MARTIN   Aucun problème. Je vous fais confiance. Et elle est très pratique à porter. Avez-vous tout ce qu'il vous faut pour la cuisine?

CATHERINE   Non, justement. Auriez-vous des plats en aluminium, ... et des gourdes?

50

SOPHIE	Il nous faudrait aussi un bleuet, deux sacs de couchage et deux sacs à dos?
M. MARTIN	Et c'est tout? Ah ah ah .... Je vois que vous n'êtes pas des spécialistes de la randonnée .... Ne vous inquiétez pas, j'ai tout ce qu'il vous faut .... Alors, venez m'aider à chercher les sacs à dos.
CATHERINE ET SOPHIE	Merci beaucoup, Monsieur.

Trouvez l'équivalent

Relevez dans le texte les locutions françaises qui correspondent aux expressions anglaises de la liste suivante:

Well, we've not got all the equipment.

What have *you* got?

I've got a ...

Haven't you even got a tent?

Right then, let's go!

It's typical of us to ...

Travail à deux

One partner reads the role of M. Martin above. The other uses only these English prompts to play the roles of both Catherine and Sophie.

1. When you are greeted, say – *hello, M. Martin, well, we planned to go camping in the mountains for the weekend but we've hardly got any of the equipment.*
2. When asked what you require, say – *we'd like a tent first of all. Could you lend us your Canadian one?*
3. When asked if you have cooking equipment, say – *no, that's just it. Would you happen to have any aluminium dishes, and water containers? We would also need a camping stove, two sleeping bags and two rucksacks.*
4. Say – *thanks a lot (Sir).*

Exercices

1   See *Explications 1, 2.*

Vous allez passer des vacances à vélo. Voilà les choses dont vous avez besoin:

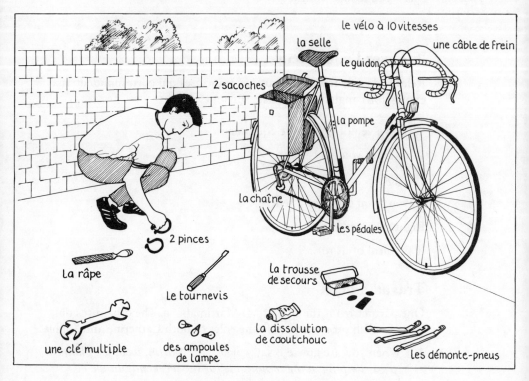

le vélo à 10 vitesses
la selle
une câble de frein
le guidon
2 sacoches
la pompe
la chaîne
les pédales
2 pinces
La râpe
Le tournevis
La trousse de secours
une clé multiple
des ampoules de lampe
La dissolution de caoutchouc
les démonte-pneus

Express the following requests in French. Use the formal mode of address.

1.   I'd like a 5-speed bike, please.
2.   Do you have a leather saddle?
3.   Do you have three tyre levers?
4.   A pump, please.
5.   I'd like to buy a screwdriver.
6.   Have you got a brake cable?
7.   Do you have a chain?
8.   Have you got any bulbs for a lamp?
9.   Give me two paniers, please.
10. Give me a puncture repair kit, please.

2   See *Explications 3.*

Now modify *Exercice 1, questions 2, 3, 6, 7, 8* to ask, very politely, for these articles.

52

3 See *Explications* 1, 2, 3, 4.

Vous allez passer des vacances en voiture. Voilà des choses dont vous avez besoin:

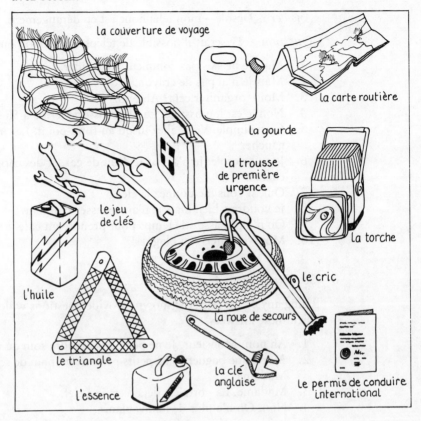

la couverture de voyage

la carte routière

la gourde

la trousse de première urgence

le jeu de clés

la torche

l'huile

le cric

la roue de secours

le triangle

la clé anglaise

l'essence

le permis de conduire international

Express the following requests in French. Use the formal mode of address.

1. I'd like a triangle, please.
2. Could you possibly lend me an adjustable spanner?
3. Do you have a road map?
4. Do you have a travel rug?
5. Give me a set of spanners, please.
6. Do you have an international driving licence?
7. Do you have a first aid kit? Is there a chemist near here?
8. Could you lend me a torch?
9. Is there a petrol station (*une station service*) round here?
10. Give me a water container, please.

4 See *Explications* 1, 2, 3.

Modify *Exercice* 3, questions 2, 3, 4, 5, 6, 7, 8, 10 to the informal mode of address.

5 See *Explications 5.*

Using the patterns shown, provide questions which would elicit these answers. For example:

Answer: Désolé – mon téléphone est en dérangement.

Question: Te serait-il possible de téléphoner à mon oncle?

1. Mais je ne sais pas comment vous aider.
2. Mais je n'ai pas de crayon.
3. Moi – organiser cela? Ah non.
4. Non, c'est impossible. La blanchisserie ferme à 5h.
5. C'est simple. Vous allez jusqu'au rond-point. Le cinéma, c'est à gauche.
6. Je suis désolé. Je n'ai pas le droit de garder des choses pour les clients.
7. Oui, si vous me donnez la clef.
8. Je voudrais bien mais je n'ai pas assez d'argent.
9. On n'a pas assez de temps pour prendre un café.
10. Moi – chanter? Tu blagues!

6 See *Explications 1–5.*

Using any of the patterns shown, provide questions which would elicit these answers.

1. Ah non, Monsieur. Je ne peux pas prendre soin de votre chien.
2. Alors, une baguette, 12 petits pains et un pain de seigle. Voilà, Madame.
3. Madame. La porte est déjà fermée à clef.
4. Non. On n'a plus de lapins blancs.
5. Pardon, mais je n'ai pas le droit de garder des choses pour les clients.
6. Mais je ne suis pas mécanicien. Je ne suis pas capable de vérifier votre voiture!
7. Je regrette, je n'ai que cinq pains au chocolat.
8. Oui, je vais chercher le médecin tout de suite.
9. Désolé. Je ne peux pas garantir que votre vélomoteur ne tombera pas en panne.
10. Je n'ai pas le droit de vous rendre votre argent.

A vous de parler

1 While driving through the countryside you approach a crossroads. You stop to study a road map. While you are stationary, another car bumps into you. The driver gets out.

AUTOMOBILISTE	Je suis vraiment désolé. Je n'ai pas vu votre voiture.
VOUS	*Is anyone hurt?*
AUTOMOBILISTE	Non, ce n'est pas grave.
VOUS	*Good. Have you got your insurance certificate* (une attestation d'assurance)?
AUTOMOBILISTE	Oui, oui, la voilà.
VOUS	*Could you give me your driving licence?*
AUTOMOBILISTE	Oui, le voici.
VOUS	*I'd like to note down your name and address. All right?*
AUTOMOBILISTE	Oui, c'est plus facile pour les assurances.
VOUS	*Right. What's your name?*
AUTOMOBILISTE	Michel Capdequi.
VOUS	*How is that written?*
AUTOMOBILISTE	C-A-P-D-E-Q-U-I.
VOUS	*Thanks. Could you write down your address?*
AUTOMOBILISTE	Oui, certainement. 43, Rue d'Assas, Montpellier.

2 You arrive at the *Gare du Nord* in Paris only to discover that you've missed your train to Calais.

EMPLOYÉ	Mademoiselle?
VOUS	*Could you tell me, please, the time of the next train to Calais?*
EMPLOYÉ	Bien sûr, Mademoiselle, voyons... Calais... le prochain train partira demain matin à 7h 05.
VOUS	*But I've got a reservation for the ferry which leaves at 23h.*
EMPLOYÉ	Nous pouvons vous faire une nouvelle réservation pour demain.
VOUS	*Right, well, at what time does the first train leave tomorrow morning?*
EMPLOYÉ	A 6h 07.
VOUS	*No, is there a train that leaves at about nine o'clock?*
EMPLOYÉ	Attendez, il y en a un qui part à 9h 27.
VOUS	*When does it arrive in Calais?*
EMPLOYÉ	11h 43.
VOUS	*Could you possibly reserve a seat for me in a non-smoking compartment?*
EMPLOYÉ	Ça vous coûtera 10F.

3 You are in a restaurant with some friends.

GARÇON Avez-vous choisi, Messieurs-Dames...?
VOUS *Yes, we would like a bottle of St. Emilion, and four steaks bordelais.*
GARÇON Oui, quatre entrecôtes bordelaises.
VOUS *I don't like shallots very much. Could you serve me it without the shallots, please?*
GARÇON Non, Madame. Je suis désolé. Une entrecôte bordelaise se mange ainsi. Il vaudrait mieux que vous choisissiez autre chose.
VOUS *But it's not difficult. Would it really be impossible?*
GARÇON Désolé ... mais prenez donc un steak-frites.

4 You rush into a shop to get change for an urgent telephone call. The shop assistant is serving someone and you have to interrupt.

EMPLOYÉE Oui, Madame, je vais voir ...
VOUS *Excuse me (Miss).*
EMPLOYÉE Oui?
VOUS *Could you possibly give me change of 100F?*
EMPLOYÉE Je regrette, Monsieur, je n'ai pas le temps actuellement. Je m'occupe de Madame.
VOUS *I'm sorry to keep on* (pardonnez-moi d'insister), *but it's very important. I have my car on a double yellow line and I must make a telephone call.*
EMPLOYÉE Bon, très bien, si Madame ne voit pas d'inconvénient ....

5 During a motoring holiday in France, you are worried one day by a strange noise from the car engine. You stop at the next garage.

EMPLOYÉ Bonjour. Je peux vous aider?
VOUS *Hello (Sir), could you possibly look at my engine. There's a noise which is worrying me.*
EMPLOYÉ Désolé, Mademoiselle. Le garage est fermé et je suis sur le point de partir déjeuner. Laissez la voiture. Je la verrai cet après-midi.
VOUS *But we're on the way to* (être en route pour) *St. Pierre. Would it be absolutely impossible for you to examine it quickly, just now?*
EMPLOYÉ Je suis franchement désolé, mais ce n'est pas possible. Essayez chez Martin – Rue Pasteur – ils ne ferment pas à midi.

6 Enact a conversation between a car driver and a garage owner.
(see below)

Automobiliste	Garagiste
Saluez le garagiste.	Dites bonjour. Demandez ce que vous pouvez faire.
Votre voiture est tombée en panne.	Demandez où est la voiture.
Répondez à sa question. Expliquez que vous avez dû venir ici à pied.	Demandez quel est le problème.
Vous n'en avez aucune idée – elle avait simplement calé.	Demandez la marque et la couleur.
Une Ford Fiesta. Dites-lui la couleur. Demandez si le garage a les pièces de rechange.	Répondez. Dites que vous allez envoyer une dépanneuse cet après-midi.
Demandez si ce sera impossible d'envoyer une dépanneuse ce matin.	Hors de question. Vous avez des problèmes de personnel.
Vous devez être à Boulogne avant 7h ce soir. Si non, vous allez rater le ferry.	Répondez.

7 Make up a conversation between a tourist and a campsite caretaker.
(see below)

Touriste	Gardien
Saluez le gardien.	Dites bonjour.
Demandez s'il est possible d'avoir une place pour camper ce soir.	Répondez – non.
Insistez. Donnez des raisons, par exemple, il est 8h du soir et les autres campings sont complets.	Répondez que ce camping-ci est complet aussi.
Dites que vous êtes fatigué. Vous voyagez depuis ce matin.	Vous êtes épuisé aussi.
Dites que votre tente est minuscule.	Vous décidez enfin d'essayer de trouver une petite place.
Vous êtes content. Vous voulez vous renseigner sur les commodités, par exemple, le restaurant (ouvert jusqu'à quelle heure?), les douches (faut-il payer?), le supermarché (y en a-t-il un?)	Vous écoutez toutes les questions mais ne répondez pas. Enfin vous vous exclamez que le client devrait être content de trouver une place. Ce n'est pas un camping de luxe!

8 Make up a dialogue where a customer wants to return an item of clothing which is the wrong size.

rapporter	*to bring back*
échanger quelque chose contre quelque chose	*to exchange something for something else*
le ticket	*receipt*
en taille	*in a size*
en pointure	*in a shoe size*

9 Make up a dialogue where two friends discuss what they have and haven't got for their cycling weekend. They decide to ask a neighbour if they can borrow certain items.

Explications

1 Asking for goods in the briefest possible way.

Je voudrais

I'd like

Donnez-moi

Give me une baguette s'il vous plaît.

Donne-moi *a French stick* *please.*

Give me

Je prends

I'll take

2 Asking about the availability of goods – present tense of *avoir*:

(Est-ce que) vous avez

(Est-ce que) tu as

T'as (slang) du pain de seigle?

Avez-vous

As-tu (less common)

Do you have/Have you got *any rye bread?*

3 Asking about the availability, even more politely – conditional tense of *avoir:*

(Est-ce que) vous auriez

(Est-ce que) tu aurais   du pain complet?

Aurais-tu (less common)

Would you happen to have   any wholemeal bread?

4 Asking about the location of buildings, facilities, etc.

Y a-t-il   une pâtisserie   près d'ici?

                        par ici?

Is there   a cake shop   near here?

                        round here?

5 Asking for a service – conditional tense of *pouvoir* + infinitive or conditional tense of *être possible de* + infinitive:

Est-ce que vous pourriez	(m')aider *help (me)*
Est-ce que tu pourrais	aller chercher *go and get*
Vous pourriez	amener *bring (a person)*
Tu pourrais	appeler *call*
Pourriez-vous	(m') apporter *bring (me) an object*
Pourrais-tu (less common)	(me) commander *order (me)*
Could you/Would you be able to	(me) donner *give (me)*
	emmener *take (a person)*
	prendre *(take thing)*
	(me) faire la monnaie de *give me change of*
	(me) garantir *guarantee*

Il vous serait possible de (less common)	(me) garder *keep (for me)*
Vous serait-il possible de	(m') indiquer *inform (me)*
Il te serait possible de (less common)	(me) montrer *show (me)*
Te serait-il possible de	nettoyer *clean*
Could you possibly	prendre soin de *take care of*
	(me) preter *lend (me)*
	rechauffer *heat up*
	régler *settle (bill)*
	(me) rembourser *refund (me)*
	(me) rendre *give back (to me)*

UNIT 7
Getting things done (1)

It is necessary, on occasions, to assert oneself and simply insist that
something is done. There's no need to make yourself unpopular
when telling someone to do something; assertion means firmness and
not necessarily anger.

Ready? Steady! Go!

Introduction

 ### Vous avez compris? (1)

Ecoutez la conversation enregistrée et puis copiez les phrases
suivantes. Remplissez le blanc dans chacune des phrases par un des
infinitifs dans la case au dessous de l'exercice.

1. Le garçon vient d' _____ une cigarette.
2. La jeune fille lui ordonne de l' _____ tout de suite.
3. Le garçon veut _____ pourquoi il doit _____
    cela.
4. Elle répond qu'il est interdit de _____ à la maison.
5. D'un ton indigné, il répond qu'il n'a pas besoin d'_____
    aux parents de la jeune fille.
6. Elle insiste, et enfin, le garçon décide d'_____ dehors.

---

connaître   fumer   faire   aller

désobéir   éteindre

allumer   sortir   savoir   obéir

A vous de lire à deux

JEUNE FILLE   Qu'est-ce que tu fais? Eteins ta cigarette tout de suite.
GARÇON   Et pourquoi?
JEUNE FILLE   Parce que mes parents ne permettent pas que l'on fume à la maison.
    Vite, éteins-la!
GARÇON   Mais je n'ai pas besoin d'obéir à tes parents.
JEUNE FILLE   Puisque tu es chez moi, tu fais comme nous et on ne fume pas. Alors
    fais ce que je te dis.
GARÇON   Bon, bon, j'irai fumer dehors.

Travail individuel

1. Traduisez ce dialogue en anglais.
2. Sans regarder la transcription originale, retraduisez votre version en français. Comparez-la avec l'originale.

 ## Vous avez compris? (2)

Ecoutez la conversation enregistrée et puis répondez aux questions suivantes.

1. Qui est assis?
2. Depuis quand?
3. A qui est cette place?
4. Comment est-ce que vous le savez?
5. La femme, qu'est-ce qu'elle veut?
6. De quoi l'accuse-t-il?
7. Qu'est-ce qu'il ajoute?
8. Qui prend la place?

Lexique

depuis	*since (time)*
payer quelque chose	*to pay for something*
avoir l'intention de faire quelque chose	*to intend to do something*
une place de libre	*an unoccupied seat*
un wagon	*a compartment*
celui-ci/celle-ci	*this one*

A vous de lire à deux

FEMME   Excusez-moi, Monsieur, mais vous êtes assis à ma place.

HOMME   Votre place? Je suis assis ici depuis le départ de Paris.

FEMME   Non, elle est à moi. J'ai payé la réservation et je n'ai pas l'intention de voyager debout.

HOMME   *Soyez pas aussi agressive, il y a d'autres places de libre dans le wagon.

FEMME   Je veux celle-ci, pas une autre.

*Note that the *ne* part of the negative is missing. This is common in spoken French.

Travail individuel

1. Traduisez ce dialogue en anglais.
2. Sans regarder la transcription originale, retraduisez votre version en français. Comparez-la avec l'originale.

Exercices

1 See *Explications 1.1, 1.2.*

Before going on holiday you need to check if everything in the house is in order. Using:

e.g. a. *tu* form Laisse une clé chez Madame Dupont.
e.g. b. *vous* form Laissez une clé chez Madame Dupont.
e.g. c. *nous* form Laissons une clé chez Madame Dupont.

give commands which would elicit the following responses:

1. J'ai déjà laissé une clé chez lui.
2. J'ai déjà passé l'aspirateur dans le salon.
3. J'ai déjà fait toute la vaisselle.
4. J'ai déjà trouvé les seaux et les pelles.
5. J'ai déjà tondu le gazon.
6. J'ai déjà préparé un snack pour les gosses.
7. J'ai déjà fini de faire les valises.
8. J'ai déjà coupé l'eau.
9. Je suis déjà allée chez le médecin, chercher l'ordonnance.
10. J'ai déjà rempli les Thermos.

2 See *Explications 1.4.*

Provide a command using the *tu* form:

a. using all the nouns given
b. replacing the noun (direct object) in italics with a direct object pronoun

which would provoke the answers 1–10 below. For example:

Answer: J'ai déjà débouché *la bouteille de vin*.

Command a: *Débouche la bouteille de vin.*

Command b: Débouche-là

1. J'ai déjà préparé *les sandwiches*.
2. J'ai déjà éteint *ma pipe*.
3. J'ai déjà écrit *la lettre* à Mariette.
4. J'ai déjà bu *le lait*.
5. J'ai déjà acheté *les gâteaux*.
6. J'ai déjà donné *l'argent* à Jean.
7. J'ai déjà fini *mes devoirs*.
8. Mais, j'ai déjà avancé *ma bagnole*.
9. J'ai déjà offert *le cadeau* à Tante Isabelle.
10. J'ai déjà vendu *les meubles*.

3 See *Explications 1.4.*

The following verbs all require an indirect object pronoun.

prêter quelque chose à quelqu'un	*to lend something to someone*
rendre quelque chose à quelqu'un	*to return something to someone*
apporter quelque chose à quelqu'un	*to bring something to someone*
envoyer quelque chose à quelqu'un	*to send something to someone*
donner quelque chose à quelqu'un	*to give something to someone*
montrer quelque chose à quelqu'un	*to show something to someone*
dire quelque chose à quelqu'un	*to say, tell something to someone*
emprunter quelque chose à quelqu'un	*to borrow something from someone*
permettre quelque chose à quelqu'un	*to allow someone to do something*
prendre quelque chose à quelqu'un	*to take something from someone*

Use these verbs to translate the commands below using the *vous* form. For example:

Command: Tell me it (the secret).

Translation: Dites-le-moi.

1. Lend them to me, please.
2. Don't return it (*l'argent*) to her.
3. Let's bring her a dog.
4. Send me it (*la carte postale*).
5. Give them to us.
6. Don't show her it (*la voiture*).
7. Don't tell her (it) (*le*).
8. Don't borrow it (*le stylo*) from him.
9. Don't allow her (it) (*la*).
10. Take it (*le livre*) to them.

4   See *Explications 1.1–1.4.*

Provide a command which would elicit the answers below. Use whichever form of the imperative you consider appropriate. For example:

Answer: Mais je ne suis pas agressive.

Command: (Ne) sois pas si agressive/(Ne) soyez pas si agressive.

A   1.   Mais je fais toujours comme vous dites.
2.   D'accord, je ne reviendrai plus.
3.   Mais, je t'ai déjà envoyé 100F.
4.   Je me suis déjà assis.
5.   Nous avons déjà fini de faire le travail, Madame.
6.   Ça, c'est impossible. Je ne peux pas l'écrire avant lundi.
7.   Mais, je n'ai pas peur, Monsieur.
8.   Nous nous sommes déjà levés.
9.   On s'est déjà arrêté.
10.   Je vous ai déjà aidé.

B   1.   Je lui ai déjà téléphoné.
2.   On leur a déjà prêté 50F.
3.   Non, je vous ai déjà écrit.
4.   Tu blagues! Je ne peux pas le lâcher.
5.   Nous nous sommes déjà baignés.
6.   On s'est déjà promené.
7.   Je l'ai déjà invité à dîner avec moi.
8.   Je lui ai écrit une lettre la semaine dernière.
9.   Ça ne marche pas. Je l'ai déjà essayé.
10.   Je me suis déjà bien lavée, maman.

5   See *Explications 2.*

Read the situations below, then, without using any one expression more than once, express an appropriate good wish in French.

A   1.   Enjoy your meal.
(*Chez une famille – tous à table – sur le point de déjeuner.*)
2.   Happy New Year. (*Vous rencontrez des amis.*)
3.   Congratulations! (*Un ami a réussi à ses examens.*)
4.   Happy Christmas. (*C'est le 24 décembre.*)
5.   Have a good rest. (*vous* form)
6.   Enjoy yourself. (*vous* form)
7.   Get well soon.
(*Vous avez rendu visite à un copain à l'hôpital.*)
8.   You're welcome.
(*Vous avez offert un cadeau à quelqu'un. Il vous remercie.*)
9.   With pleasure.
10.   Good luck. (*Un copain va passer son permis de conduire.*)

B   1. Have a good journey.
       (*Un copain va en avion pour la première fois.*)
   2. Likewise.
       (*Un ami vous souhaite "joyeuses Pâques".*)
   3. Have a good weekend.
       (*C'est vendredi. Vous reverrez votre copain lundi.*)
   4. Happy Easter.
       (*Vous faites cadeau d'un œuf de Pâques à un copain.*)
   5. Happy birthday.
       (*C'est l'anniversaire d'une copine.*)
   6. Thank you.
       (*Quelqu'un vous offre un cadeau.*)
   7. Same to you.
       (*Quelqu'un vous souhaite "joyeux Noël".*)
   8. You're welcome.
       (*Quelqu'un vous dit merci.*)
   9. Cheers!
       (*Vous prenez un pot avec une copine.*)
   10. Work well!
       (*Vous laissez un ami dans la bibliothèque.*)

A vous de parler

1   Madame Capdequi vous rend visite. Vous êtes en train de préparer le dîner. Lisez cette conversation en entier. Vous y trouverez la plupart des mots essentiels.

MME. CAPDEQUI	Tiens! Ça sent bon. Qu'est-ce que c'est?
VOUS	*It's "coq au vin". Do you know it?*
MME. CAPDEQUI	Oui, oui, je connais, mais je n'en ai jamais fait. Vous voulez me donner votre recette?
VOUS	*Of course. It's easy. Take one chicken, two onions, herbs, one bottle of red wine, 100g of butter, salt, pepper and some flour.*
MME. CAPDEQUI	De la farine, non?
VOUS	*Well, first of all, cut the chicken into six.*
MME. CAPDEQUI	Oui, en six. Faut-il préchauffer le four?
VOUS	*Yes, at 180°C. Now put the chicken into an oven dish with the butter.*
MME. CAPDEQUI	Dans une cocotte, non?
VOUS	*Add the flour, and stir all the time.*
MME. CAPDEQUI	Il faut remuer, non? C'est pour dorer la viande?
VOUS	*That's it. When the chicken is browned, add 500cl of the wine, and don't stop stirring.*
MME. CAPDEQUI	Sans cesse.
VOUS	*Then put in the onions, salt, pepper and herbs.*

1ME. CAPDEQUI	Ça y est?
VOUS	*Yes, put the oven dish into the oven, and let it cook for about two hours.*
1ME. CAPDEQUI	Et comme légumes?
VOUS	*As you like it, a green salad and some rice, for example.*
1ME. CAPDEQUI	Je vais l'essayer. Mais il y a une chose.
VOUS	*Yes, what is it?*
1ME. CAPDEQUI	Il reste encore un quart de bouteille de vin. Qu'est-ce qu'il faut en faire?
VOUS	*Well, never leave wine in an open bottle.*
1ME. CAPDEQUI	Evidemment. Alors?
VOUS	*Put the wine in a glass. Drink it slowly. And wait for the* "coq au vin"!

2 Un ami vous téléphone pour obtenir votre recette pour "Chocolate crispies". Imaginez la conversation où vous discutez ce qu'il faut faire.

Ingrédients

une demi-boîte de "Cornflakes"
500g de chocolat de ménage
une cuiller à soupe de "Golden Syrup"
une poignée de raisins secs

Préparation

1. Faire fondre le chocolat dans une casserole.
2. Ajouter les raisins secs, les "Cornflakes", et le "Golden Syrup".
3. Mélanger bien.
4. A l'aide d'une cuiller en bois, mettre des cuillerées du mélange dans de petits moules en papier.
5. Mettre dans le frigo pendant 30 minutes.

N'oubliez pas qu'il reste une quantité de chocolat fondu dans la casserole. Il ne faut jamais laisser traîner le chocolat!

3 Vous travaillez dans un syndicat d'initiative. Un Français se renseigne.

Français	Vous
Ask how to get to the nearest beach.	Enquire if he has a car, or if he's using public transport. Then give information.
Ask where to find a good Italian restaurant.	Give him a list of all local restaurants and tell him to read it. Advise him to reserve a table if he's going on a Saturday night.
Ask where to buy French cigarettes and a French newspaper.	Give him directions to a tobacconist and a good newsagent in the area.
Ask how to reserve tickets for the theatre.	Go to or telephone the theatre. Give him some brochures of what's on in the area.
Ask where to find these lovely English gardens which are open to the public.	Give him a list. Recommend a particularly nice one you know personally. Tell him how to get there. Wish him a good holiday.

4 Tony is lending his car to a French visitor, Sylvie. He explains how to operate the controls. Use the guidelines to make up their conversation.

Sylvie	Tony
pour mettre en route?	tirer le starter tourner le contact
pour éclairer?	la commande d'éclairage tirer pour les codes pousser pour les phares
pour clignoter?	à gauche – lever la commande à droite – baisser la commande
le klaxon?	appuyer le centre du volant
pour faire le plein?	le réservoir à essence est fermé ouvrez-le avec cette clé
la limitation de vitesse?	ne pas excéder 30 milles à l'heure
c'est tout?	ne pas renverser de piétons! ne pas griller le feu rouge! serrer à gauche! bonne chance et bon voyage!

Explications

1   The imperative or command form

There are three groups of people whom you can command to do things.

a.   Use the *tu* form for someone you know well, or a child.
b.   Use the *vous* form for strangers and groups of people.
c.   Use the *nous* form if you want to include yourself.

fumer – regular -er

fume	*smoke*
fumez	*smoke*
fumons	*let's smoke*

finir – regular -ir

finis	*finish*
finissez	*finish*
finissons	*let's finish*

vendre – regular -re

vends	*sell*
vendez	*sell*
vendons	*let's sell*

Points to note

1.   *Spelling:* the imperative *tu* form of regular *-er* verbs and *aller* is written without the final *-s*. For example:

va au cinéma	*go to the cinema*
But: vas-y	*on you go*

2.   *Être and avoir:* both verbs have peculiar imperative forms.

être

sois prudent	*be careful*
soyez prudent	*be careful*
soyons sage	*let's be good*

avoir

n'aie pas peur	*don't be frightened*
n'ayez pas peur	*don't be frightened*
n'ayons pas peur	*let's not be frightened*

3. *Reflexives:*

   a. In the *tu* part the reflexive pronoun *te* becomes *toi*, for example: **se laver**

lave-toi	*wash*
lavez-vous	*wash*
lavons-nous	*let's wash*

   b. But in a negative command, the *te* pronoun remains unaltered:

ne te lave pas	*don't wash*
ne vous lavez pas	*don't wash*
ne nous lavons pas	*don't let's wash!, let's not wash*

4. *Object pronouns:*

Direct object pronouns

regarde-moi	*look at me*
ne me regarde pas	*don't look at me*
cherche-le	*look for him*
ne le cherche pas	*don't look for him*

Indirect object pronouns

parle-lui	*speak to him*
ne lui parle pas	*don't speak to him*
achète-lui le stylo	*buy the pen for him*
ne lui achète pas le stylo	*don't buy the pen for him*

Direct object		**Indirect object**	
me (moi)	*me*	me (moi)	*to/for/from me*
te (toi)	*you*	te	*to/for/from you*
le	*him, it*	lui	*to/for/from him, it*
la	*her, it*	lui	*to/for/from her, it*
nous	*us*	nous	*to/for/from us*
vous	*you*	vous	*to/for/from you*
les	*them*	leur	*to/for/from them*

The object pronoun goes *after* the verb in a positive command (*me* here becomes *moi* and *te* becomes *toi*), and *before* the verb in a negative command. See examples above.

When more than one object pronoun is used, they are placed in the following order:

a. *In a positive command:*

verb	le	moi
	la	toi
	les	lui
		nous
		vous
		leur

For example:

donnez-la-moi   *give it to me, give me it*

dites-le-lui   *tell it to him, tell him (it)*

expliquez-le-leur   *explain it to them*

b. *In a negative command:*

ne	me	le	lui	verb	pas
	te	la	leur		
	nous	les			
	vous				

For example:

ne me la donnez pas

ne le lui dites pas

ne le lui expliquez pas

Remember that you may choose only one pronoun from each column.

2 Meilleurs voeux

Expressing wishes

bon anniversaire	*happy birthday*
bon appétit	*enjoy your meal*
bonne année (et bonne santé)	*happy (and healthy) New Year*
bon week-end	*have a good weekend*
bonne chance	*good luck*
bon courage	*good luck*
bon voyage	*have a good journey*
bon rétablissement	*get well soon*
joyeux Noël	*happy Christmas*
joyeuses Pâques	*happy Easter*
à ta santé	*cheers!*
à votre santé	*cheers!*
amuse-toi bien	*enjoy yourself*
amusez-vous bien	*enjoy yourselves*
félicitations	*congratulations*
repose-toi bien	*have a good rest*
reposez-vous bien	*have a good rest*
travaille bien	*work well*
travaillez bien	*work well*

Responding to best wishes

merci	*thank you*
de même	*likewise, same to you*
vous aussi	*likewise, same to you*
toi aussi	*likewise, same to you*
pareillement	*likewise, same to you*
de rien	*you're welcome*
je vous en prie	*you're welcome*
il n'y a pas de quoi	*you're welcome*
volontiers	*with pleasure*

UNIT 8
Getting things done (2)

You have already learned how one can *ask* or *tell* someone to do something (see Units 6, 7). As long as you know exactly what you want, these structures are useful. If however you simply want to make a suggestion, study this unit carefully.

Introduction

 ### Vous avez compris?

Ecoutez l'enregistrement en entier. A vous de copier et compléter les phrases. Donnez autant de détails que possible.

1. Mademoiselle Gibson a réservé . . .
2. Il a dû y avoir une erreur parce que l'employé . . .
3. Ayant cherché l'equipement, il trouve . . .
4. Elle devrait essayer . . .
5. Elle pourrait mettre . . .
6. Mademoiselle Gibson dit, "Ça n'ira pas du tout. Je . . ."
7. Ce n'est pas possible, parce que . . .
8. L'employé téléphone à . . .

Lexique

par courrier	*by post*
ne . . . aucun(e)	*not a single*
verser 200F d'arrhes	*to pay 200F deposit*
la pointure	*shoe size*
le ski de fond	*cross-country skiing*
le ski de piste	*downhill skiing*
la chaussette	*sock*
épais	*thick*
rendre	*to give back, return*
ailleurs	*elsewhere*
le gérant	*manager*
avoir le droit de faire	*to have the right to do*
quelque chose	*something*
le remboursement	*repayment*
rembourser	*to repay, refund*

A vous de lire à deux

EMPLOYÉ   Bonjour, Mademoiselle, que puis-je pour vous?

CLIENTE   Bonjour, Monsieur. J'ai réservé des skis et des chaussures par courrier, pour moi et mes amis. Mon nom est Gibson.

EMPLOYÉ   Un instant, Mademoiselle .... Mais je n'ai aucune réservation à ce nom. Avez-vous un reçu? .... Merci ... je vois que vous avez versé 200F d'arrhes. Il a dû y avoir une erreur dans le livre de réservations. Je vais chercher votre équipement. Quelle est votre pointure, s'il vous plaît?

CLIENTE   39, et pour mes amis c'est 41 et 42.

EMPLOYÉ   Très bien. Je reviens tout de suite .... Voilà pour vos amis, mais pour vous, je suis désolé, il n'y a plus de 39.

CLIENTE   Mais comment je vais faire?

EMPLOYÉ   Vous pourriez peut-être essayer le ski de fond. Vous y avez pensé? Pour ça, j'aurai votre pointure.

CLIENTE   Ne plaisantez pas, Monsieur, je suis venue faire du ski de piste avec les autres.

EMPLOYÉ   Et bien, pourquoi ne pas essayer une paire de 40; si vous mettiez des chaussettes très épaisses ...?

CLIENTE   Ça n'ira pas du tout. Je préfère que vous me rendiez les arrhes et j'irai ailleurs.

EMPLOYÉ   Excusez-moi, mais ce n'est pas possible. Le gérant est parti déjeuner et je n'ai pas le droit de faire des remboursements d'arrhes sans lui.

CLIENTE   Qu'est-ce que vous diriez de téléphoner aux autres magasins de la station? Vous vous arrangeriez avec eux?

EMPLOYÉ   D'accord, je vais essayer tout de suite .... C'est arrangé, vous allez au magasin qui s'appelle Locaski, un peu plus loin dans cette rue.

CLIENTE   Merci Monsieur, et au revoir.

 ## Trouvez l'équivalent

Ecoutez encore une fois le dialogue. Ne relisez pas la transcription. Essayez de vous rappeler les locutions suivantes en français.

There must have been a mistake.

You could try cross-country skiing.

Have you thought of that?

Why not put on a pair of size 40's?

If you put on some very thick socks ...

You go to the shop called Locaski.

Comparez vos traductions avec le texte original.

Travail à deux

1. When you are greeted, say – *hello, I have booked by mail, boots for myself and my friends. My name is Gibson.*
2. When asked your shoe size, say – *39, and for my friends 41 and 42.*
3. When told the bad news, ask – *but what am I going to do?*
4. Respond to this suggestion. Say – *don't joke. I came to do some downhill skiing with the others.*
5. Respond to this next suggestion. Say – *that won't do at all.* Say – *I'd prefer that you gave me back the deposit and I'll go elsewhere.*
6. On hearing that the manager is not available to reimburse you, say – *how do you feel about telephoning the other shops in the ski resort? Would you arrange (it) with them?*
7. Say – *thanks (sir) and goodbye.*

Exercices

1 See *Explications 1.*

Pair up these ten awkward situations and the ten "helpful" suggestions below. For example:

Situation: On a piqué le sac à main à votre copine.

Suggestion: Si on allait tout de suite au commissariat?

Situations A	Suggestions A
1. Vous vous êtes coupé gravement le pied avec du verre.	a. Vous avez pensé à boire de l'eau pour une fois?
2. Vous n'avez plus de vin pour le dîner ce soir. Les magasins sont déjà fermés.	b. Pourquoi ne pas rester à la maison?
	c. Si on allait le chercher?
	d. Vous pourriez appeler le SAMU?
3. Il fait froid. Vous voulez sortir mais vous ne pouvez pas trouver votre gant gauche.	e. Si tu te contentais d'une bise?
4. Vous vouliez offrir des fleurs. Elles coûtent trop cher.	
5. Vous avez un rendez-vous avec un groupe de copains. Un des copains n'arrive pas.	

Situations B	Suggestions B
1. Marie veut passer un coup de fil. Votre téléphone ne marche pas.	a. Si on s'éclipsait discrètement?
2. A la caisse au supermarché. Vous vous rendez compte que vous avez laissé votre portefeuille à la maison.	b. Que diriez-vous de faire un petit jogging?
	c. Pourquoi ne pas oublier la balance?
3. Vous allez à la gare en bus. Le bus tombe en panne. Vous êtes pressé.	d. Tu pourrais aller à la poste?
4. Votre auto a crevé à la campagne. Vous n'avez pas de roue de secours.	e. Si on faisait du stop?
5. Vous faites un régime. Vous avez faim.	

2 See *Explications 2, 3.*

Traduisez en français.

1. How do you (*tu*) feel about buying these ski boots?
2. You (*vous*) could take these skis.
3. We could perhaps come back later.
4. How would you (*vous*) feel about going for lunch now?
5. You (*tu*) could give him back his deposit now.
6. How would you (*vous*) feel about paying for dinner?
7. She could give him his money back.
8. We could spend the day at the beach.
9. How would you (*tu*) feel about telling the police?
10. How would you (*vous*) feel about telephoning her?

3 See *Explications 4, 5.*

Traduisez en français.

1. Why not take these skis?
2. Have you (*tu*) thought of telephoning him?
3. Why not refuse to do it?
4. Have you (*vous*) considered refusing?
5. Why don't we go for lunch later?
6. Has she thought about buying him a dictionary?
7. Have they considered going (there) by train?
8. Why not give him a chance?
9. Why don't you (*vous*) come with us?
10. Why not buy a new bike for the holidays?

4 Use any of the constructions you know to make suggestions which would elicit these responses. For example:

Réponse: D'accord, j'ai déjà écouté la météo. Il va faire beau.
Suggestion: Si on faisait un pique-nique?
Suggestion: Pourquoi ne pas faire un pique-nique?
Suggestion: Tu as pensé à faire un pique-nique? *etc.*

1. Mais non, j'y suis déjà allé.
2. Elle lui a déjà téléphoné.
3. Je ne peux pas le mettre. Ce jean est trop grand.
4. Moi – nager? Tu blagues!
5. Mais la patinoire est fermée aujourd'hui.
6. Je n'ai pas le droit de vous rembourser les arrhes.
7. Le ski de piste est trop dangereux.
8. Je n'ai pas faim.
9. Non, un lave-vaisselle coûte trop cher.
10. Je suis certain qu'il ne faudra pas le payer.

A vous de parler

1 It is the last day of your holiday at a French seaside resort. You have booked a water-skiing lesson and arrive at the water-ski school.

Employé(e)	Client(e)
Greet client.	Greet employee.
Ask to be of help.	Identify self. Reason for coming.
Apologise. Can't find booking. Must have been a mistake.	Express disappointment. Show receipt.
But client paid 25F deposit.	Ask for advice.
Suggest client returns in an hour.	That's impossible. Give reason.
Suggest client tries windsurfing (*faire de la planche à voile*), or rents a pedalo (*un pédalo*).	Most definitely not. Came to learn to water-ski.
Suggest client returns tomorrow at same time.	No, going home tomorrow. Would rather have money back and go elsewhere.
Cannot refund money until boss returns.	Suggest employee telephones another water-ski school and arranges it with them.
Telephone "Nautaski"... Tell customer new arrangements.	Say goodbye.

2 Une après-midi agréable

Une famille française reste chez Isabelle en Grande-Bretagne. Elle parle à Julie. Lisez la conversation en entier. Prenez les rôles chacun à votre tour, faisant les suggestions et donnant réponses où il le faut.

JULIE   Qu'est-ce qu'on va faire cet après-midi?
ISABELLE   *Make a suggestion.*
JULIE   Tiens. C'est une idée! Il me faut acheter des cadeaux .... Oh, mais les jumeaux s'ennuient toujours en ville.
ISABELLE   *Make a suggestion.*
JULIE   Ça ne te gênerait pas – vraiment?
ISABELLE   *Reply and make another suggestion.*
JULIE   Oh, ça serait chouette ... Jacqueline, Bruno – venez ici... écoutez, Papa et moi allons en ville. Vous restez à la maison avec Isabelle. Vous allez préparer des "Chocolate crispies" avec elle. Puis après, elle va vous emmener au cinéma.
ISABELLE   *Make a suggestion.*
JULIE   Oui, c'est une bonne idée ça. Nous nous retrouverons à six heures dans le restaurant italien. Isabelle, t'es vraiment aimable.

3 Le dîner

Anne a invité les parents d'Antoine à dîner demain soir. Antoine demande à Anne ce qu'elle va préparer.

Antoine	Anne
Vous demandez à Anne, ce qu'elle va préparer comme hors d'œuvre. Ecoutez sa suggestion.	Comme hors d'oeuvre – des crudités
Demandez ce qu'elle allait faire comme plat principal. Ecoutez sa suggestion.	Comme plat principal – le coq au vin, ou bien le boeuf bourgignon.
Vous lui dites que vos parents sont tous les deux végétariens.	
Très poli, proposez du choux-fleur à la bechamel, par exemple. Demandez-lui ce qu'elle allait faire comme dessert. Ecoutez sa suggestion.	Comme dessert – le baba au rhum.
Expliquez que votre père ne boit pas d'alcool.	Discutez les suggestions d'Antoine et mettez-vous d'accord.

Explications

Express these suggestions in English:

1. Si vous mettiez
2. Qu'est-ce que vous diriez de mettre
3. Vous pourriez (peut-être) mettre   des chaussettes très
                                           épaisses?
4. Pourquoi ne pas mettre
5. Vous avez pensé à mettre

You may have thought of:

1. Supposing you put on
   What about putting on
2. How would you feel about putting on
3. You could (perhaps) put on
                                           some very thick socks?
4. Why don't you put on
   Why not put on
5. Have you thought of putting on
   Have you considered putting on

All of these, and more besides, are possible translations.
   Here are five different ways of making a suggestion:

1. *Si* + imperfect tense
2. Conditional tense of *dire* + *de* + infinitive or noun
3. Conditional tense of *pouvoir* + infinitive
4. *Pourquoi ne pas* + infinitive
5. Perfect tense of *penser* + *à* + infinitive

1 Si + imperfect tense

For example:

Si on essayait ...

Si vous mettiez ...

To form the imperfect tense, take the *nous* form of the present tense and remove the -*ons*. Add the endings:

je regard	**-ais**
tu regard	**-ais**
il regard	**-ait**
nous regard	**-ions**
vous regard	**-iez**
ils regard	**-aient**

For example:

regarder	nous regardons	si on regardait
finir	nous finissons	si nous finissions
vendre	nous vendons	si vous vendiez

Exceptions

This rule works for all verbs except:

1. The verb *être*.

être

si j'étais	si nous étions
si tu étais	si vous étiez
s'il était	s'ils étaient

2. Three frequently used impersonal verbs which exist only in the third person singular:

falloir	s'il fallait?	*supposing it was necessary to ...?*
pleuvoir	s'il pleuvait?	*what if it rained?*
neiger	s'il neigeait?	*what if it snowed?*

2 Conditional tense of dire + de + infinitive or noun

For example:

Qu'est-ce que vous diriez de mettre...

Qu'est-ce que tu dirais d'une bière?

Qu'est-ce que tu dirais de prendre une bière?

Conditional tense of dire

dire

je dirais	nous dirions
tu dirais	vous diriez
il dirait	ils diraient

3 Conditional tense of pouvoir + infinitive

For example:

Vous pourriez (peut-être) mettre ...

On pourrait essayer ...

See also p. 59.

4 Pourquoi ne pas + infinitive

For example:

Pourquoi ne pas mettre ...?

Pourquoi ne pas y aller?

In colloquial speech you can omit the *ne*. For example:

Pourquoi pas y aller?

Pourquoi pas les prendre?

5 Perfect tense of penser + à + infinitive

For example:

Vous avez pensé à mettre ...?

T'as pensé à acheter ...?

penser

j'ai pensé	nous avons pensé
tu as pensé	vous avez pensé
il a pensé	ils ont pensé

UNIT 9
Making complaints

Well, whatever it is, there's usually something wrong with it! And you must know how to say exactly what's up. What's more, you may well have to try some gentle persuasion, or threat, in order to achieve the desired result.

Make sure that you complain politely, and to the appropriate person. Otherwise you'll get quite hot and bothered – for nothing!

Introduction

 ### Vous avez compris?

Ecoutez les dix plaintes enregistrées. Copiez la grille ci-dessous et remplissez-la. Si possible en français, sinon en anglais.

Le lieu	La plainte	La demande
Exemple: l'hôtel	chambre dans un état déplorable	le remboursement de l'avance
1.		
2.		
3. chez un photographe		
4.		
5.		
6. une blanchisserie		
7.		
8.		demande un autre pantalon
9.	le frigo ne marche pas	
10.		

Lexique

exiger quelque chose	*to demand something*
les frais	*fees*
(ne pas) être conforme à quelque chose	*(not to) correspond, be consistent with something*
saignant	*rare (cooked)*
archi-cuit	*overcooked*
échanger quelque chose contre quelque chose	*to exchange something for something*
la pellicule	*film for camera*
périmé	*out of date, no longer valid*
l'ensemble (m)	*woman's suit*
la tache	*stain*
bouché	*choked, clogged up*
retrécir	*to shrink*

A vous de lire

Exemple: Je suis désolé, mais la chambre que vous m'avez attribuée est dans un état déplorable. J'exige le remboursement de mon avance.

1. Bonjour, Monsieur. On est venu chercher les clés pour l'appartement plus tôt ce matin, mais maintenant j'exige le remboursement des frais d'agence. Le studio n'est pas du tout conforme à vos assurances.

2. Garçon! J'ai demandé un steak saignant et il est archi-cuit. Remportez ça et servez-moi ce que je demande.

3. Bonjour, Madame. Pourriez-vous m'échanger cette pellicule? Je l'ai achetée hier, mais elle est périmée. Regardez la date.

4. Mademoiselle! Ça fait 40 minutes que j'attends un plat du jour. Je refuse de payer quoique ce soit.

5. Âllo, agence Avis? J'exige le remboursement de ma location. Je suis tombée en panne de carburateur et il m'a été impossible de joindre un de vos garages.

6. C'est un scandale! Où il est, le gérant? Vous voulez que je paye le nettoyage de ce costume! Regardez ça! Il reste encore une tache sur la manche. Ah non. Ça ne va pas.

7. Je veux voir le responsable. Ce camping devrait être un camping de luxe. Les WC sont bouchés et il n'y a pas d'eau chaude.

8. C'est vous le responsable? Ben alors, écoutez, je demande que vous m'échangiez ce pantalon. Je l'ai acheté la semaine dernière, et je l'ai lavé une fois selon les instructions. Et regardez-le! Il a retréci. Je ne peux même pas le mettre!

9. C'est incroyable. Notre caravane est délabrée. Il fait plus de 40°C à l'ombre et le frigo ne marche pas. Il faut que vous nous l'échangiez tout de suite.

10. Ecoutez – ne savez-vous pas qu'on ne doit pas faire de bruit après dix heures du soir? Si vous ne vous tenez pas tranquilles, je téléphonerai à la police.

Travail individuel

1. Traduisez les plaintes en anglais.
2. Retraduisez vos versions en français. Comparez-les avec les textes originaux.

Exercices

1 See *Explications 1, 2.*

Give the opposite of:

1. Il m'a beaucoup plu.
2. J'étais de bonne humeur.
3. J'étais enchanté de l'hôtel.
4. Je trouve ça parfait!
5. Ça c'est chouette!
6. C'est merveilleux.
7. C'est superbe.
8. C'était prévu.
9. C'est si agréable.
10. C'est ordinaire.

2 See *Explication 3.*

Give the opposite of:

1. C'est neuf.
2. Elle est propre.
3. bien équipé
4. tranquille
5. Il y avait beaucoup de monde.
6. extraordinaire
7. Les portions étaient grandes.
8. facile à trouver
9. un grand lit
10. une plage sûre

3 See *Explication 4, 5.*

Give the opposite of:

1. les escargots délicieux
2. bien cuit
3. bien chaud
4. La serveuse était gentille.
5. Le garçon était patient.
6. Le service était discret.
7. Il était de bonne humeur.

8. Tout le monde était agréable.
9. Elle était polie.
10. Il travaillait dur.

4 See *Explications* 5, 6, 7.

Express these sentences in French.

1. I've got a complaint to make.
2. We've been waiting for 40 minutes.
3. I'm fed up with your excuses.
4. Look here, I want to speak to the manager.
5. I insist on getting my money back.
6. I want you to go and get the woman in charge.
7. What are you going on about?
8. That's great.
9. That's no concern of mine.
10. I demand that you find him, immediately.

5 See *Explication* 8.

Les menaces

Complete these threats, using:

a. *aller* + infinitive
b. future tense
c. present tense

For example:

Si vous ne me racontez pas ce qui s'est passé, . . .

a. je vais téléphoner
b. je téléphonerai   moi-même à la police.
c. je téléphone

1. Si vous ne me rendez pas mes arrhes, . . .
2. Si ma voiture n'est pas prête en deux heures, . . .
3. S'il fume encore une cigarette, . . .
4. Si vous décidez de passer les vacances en Espagne, . . .
5. S'il vient chez moi, . . .
6. Si elles sont déjà parties sans moi, . . .
7. Si tu ne m'aides pas, . . .
8. Si vous ne m'échangez pas cette pellicule, . . .
9. Si on n'a pas encore nettoyé notre chambre, . . .
10. Si tu ne ranges pas tes affaires tout de suite, . . .

A vous de parler

1 Vous avez fait des courses au supermarché et arrivez enfin aux caisses. Vous attendez un quart d'heure mais il va vous falloir une demi-heure pour sortir parce qu'il n'y a que deux caisses ouvertes. Vous vous rendez au bureau d'information.

Vous	Employé
Dites bonjour.	Demandez ce que vous pouvez faire.
Un scandale – tant de monde – 2 caisses ouvertes.	Problèmes de personnel.
Demandez s'il n'y a pas moyen de faciliter les choses?	2 caissières parties – pause-café.
Furieux – supermarché devrait être plus pratique – apparemment pas. Vous attendez depuis 15 minutes, encore 10 personnes devant vous.	Excusez-vous.
Encore plus furieux! Menacez de laisser votre chariot rempli au milieu du magasin.	Présentez des excuses. Offrez d'ouvrir une caisse vous-même.
Remerciez-le.	

2 Vous arrivez à Grenoble par le train de Paris. Vous êtes resté debout pendant tout le voyage car la place que vous aviez réservée a été donnée à une autre personne. Vous vous rendez au bureau des renseignements pour vous plaindre.

Vous	Employé
Vous avez une réclamation à faire.	Demandez ce qui est arrivé.
Expliquez la situation.	Acceptez que c'est embêtant. Demandez le billet du client.
Donnez-lui votre billet. Ajoutez que vous trouvez un peu étrange que quelqu'un d'autre ait le même billet.	C'est vrai. Demandez le billet de réservation.
Donnez-le-lui. Demandez ce qui se passera. Exigez le remboursement de votre billet.	Vérifiez les billets. Il n'y aura pas de problème.
Exigez le remboursement alors.	Il faut se rendre à un autre service.
Ça, c'est la meilleure!	Expliquez – vous n'avez pas d'argent ici.
Incroyable! Vous parlez depuis 10 minutes et maintenant vous découvrez que ce n'est pas ce service!	Vous ne pouvez rien faire.
Demandez comment se rendre à l'autre service.	Donnez les indications du bureau "réservation". Il y a un panneau.
Vous voulez être sûr de recevoir le remboursement.	Sans problème. Mais, le bureau va être fermé. C'est l'heure du déjeuner.
C'est la meilleure!	

3 Une copine, qui ne parle pas français, vous rend visite en France. Elle a déposé votre linge à la blanchisserie. Vous allez le chercher plus tard.

Vous	Employé
Expliquez la situation.	Demandez le nom.
Dites-lui le nom (anglais).	Demandez le ticket.
Donnez-lui le ticket.	Remerciez-le. Vous cherchez le linge . . . retournez.
Demandez le prix.	80 francs.
Répétez le prix. Vous trouvez le prix un peu cher, juste pour laver du linge!	Expliquez que le linge a été repassé et blanchi aussi.
Incroyable. Vous vouliez simplement que le linge soit lavé, pas repassé ni blanchi.	Expliquez que ça c'est normal, c'est une blanchisserie.
Votre copine n'a pas demandé que le linge soit automatiquement repassé.	On le fait automatiquement.
Votre amie n'est pas au courant. Elle ne parle pas français. Il fallait la prévenir.	Mais vous ne parlez pas anglais.
Scandaleux.	Montrez au client son beau linge. Ça vaut 80F.
Vous êtes d'accord que c'est beau. Vous n'avez pas d'argent pour le payer.	Proposez que le client revienne plus tard avec l'argent.
Vous êtes assistant. Vous n'avez pas d'argent.	Vous ne pouvez rien faire.
Proposez que l'employé baisse le prix.	Non. Il faut aller chercher le directeur, s'il y a une réclamation.

Le directeur arrive.

Vous	Le directeur
Vous expliquez la situation. Vous ne payez que 40F.	Vous êtes enfin d'accord.

Explications

1 Pour décrire votre réaction à une situation

je suis (très)	déçu(e) de/par	*disappointed by*
	inquiet (inquiète) de	*worried by*
	irrité(e) de	*annoyed by*
	ennuyé(e) par	*annoyed by*
	énervé(e) par	*annoyed by*
	fâché(e) de/contre	*angry with*
	furieux (furieuse) de	*furious with*

2 Pour décrire un fait ou la situation générale

C'est	absurde	*absurd*
	affreux	*awful*
	bizarre	*strange*
	décevant	*disappointing*
	désagréable	*unpleasant*
	déplorable	*deplorable*
	exécrable	*abominable*
	épouvantable	*terrible*
	étonnant	*astonishing*
	bête	*stupid*
	embêtant	*annoying*
	honteux	*disgraceful*
	impossible	*impossible*
	imprévu	*unforeseen*
	inattendu	*unexpected*
	incroyable	*unbelievable*
	insupportable	*unbearable*
	ridicule	*ridiculous*
	scandaleux	*scandalous*

3 Pour décrire les qualités physiques

bruyant(e)	*noisy*
dangereux (dangereuse)	*dangerous*
délabré(e)	*dilapidated*
en désordre	*in a mess*
étroit(e)	*narrow*
être à court de	*to be short of*
froid(e)	*cold*
incommode	*inconvenient, uncomfortable*
inondé(e)	*flooded*
isolé(e)	*isolated*
mal équipé(e), situé(e), entretenu(e)	*badly equipped, situated, maintained*
mauvais(e)	*bad*
minable	*pathetic*
mort(e)	*dead*
mouillé(e)	*wet*
ordinaire	*ordinary*
sale	*dirty*
sombre	*dark*
trempé(e)	*wet through*
vide	*empty*
vieux/vieil (vieille)	*old*

4 Pour décrire les plats cuisinés

amer (amère)	*bitter*
bien cuit(e)/assaisonné(e)	*well-cooked/seasoned*
dégoûtant(e)	*disgusting*
dur(e)	*hard*
froid(e)	*cold*
(trop) saignant(e)/bleu(e)	*(too) rare*
archi-cuit	*overcooked*

5 Pour décrire le personnel

(ne pas) être aimable	*(not) to be nice*
agréable	*pleasant*
gentil	*friendly*
sympa	*friendly*
être de mauvaise humeur	*to be in a bad mood*
désagréable	*unpleasant*
impatient	*impatient*
indiscret	*obtrusive, clumsy*
insolent	*insolent, impudent*
un(e) imbécile	*an idiot*

6 Pour dire que quelque chose ne fonctionne pas

Il est tombé en panne.	*It's broken down.*
Ça ne marche pas.	*It's broken down.*
Ça ne fonctionne pas.	*It doesn't work.*
Ça ne va pas.	*It doesn't work.*

Miscellanées

J'ai une réclamation à faire.	*I've got a complaint to make.*
dites donc	*look here*
C'est un abus de confiance.	*It's a breach of trust.*
Je ne vous le fais pas dire.	*You don't need to tell me.*
C'est là que vous avez tort.	*That's where you're wrong.*
Ça fait (plus d')une heure que j'attends.	*It's (more than) an hour that I've been waiting.*
Je ne veux pas le savoir.	*That's no concern of mine.*
Ça ne me concerne pas du tout.	*That's nothing to do with me.*
je m'en fiche (de)	*I'm fed up (with)*
j'en ai marre (de)	*I'm fed up (with)*
Qu'est-ce que vous me racontez là?	*What are you on about?*
Ça, c'est la meilleure!	*That's great! (sarcasm)*
Je trouve ça un peu exagéré.	*I think that's a bit much. (price)*

91

7 Pour exiger

1. je veux parler à   *I want to speak to*

   Je veux parler au/à la responsable.   *I want to speak to the person in charge.*

2. j'exige de voir   *I insist on seeing*

   J'exige de voir   le maître   *I insist on seeing the head*
   d'hôtel.   *waiter.*

   le (la)   *the*
   concierge.   *caretaker.*

3. j'exige   *I demand*

   J'exige le remboursement de mon avance/mes arrhes.

   I demand my deposit back.

4. je veux que/j'exige que vous + subjunctive   *I want you to/I insist that you*

   Je veux que vous alliez le chercher.   *I want you to go and get him.*

   J'exige que vous lui demandiez.   *I insist that you ask him/her.*

   For the formation of the subjunctive mood see pp. 47 and 48.

8 Menacer

Si sentences

S'il n'arrivent pas   je leur téléphonerai.

If they don't arrive   I'll telephone them.

S'il ne sont pas arrivés   je vais leur téléphoner.

If they haven't arrived   I'm going to telephone them.

In a *si* sentence, the present tense or the perfect tense in the first half of the sentence is usually followed by the future or *aller* + infinitive in the second half. However, if you want to convey more anger, be more threatening, then the second half of the sentence should also be in the present tense.

S'ils n'arrivent pas   je leur téléphone.

If they don't arrive   I'll be telephoning them.

S'ils ne sont pas arrivés   je leur téléphone.

If they haven't arrived   I'll be telephoning them.

UNIT 10
Putting it all together

Before tackling this unit, make sure you are thoroughly familiar with the material presented in the preceding units, as well as that in the *Reference sections*. The four sections contained in this unit are in increasing order of difficulty. If you can cope with all the problems and difficulties which arise in this unit of work, you will be well prepared for all encounters with the French!

Section 1

Slang

See *Reference, Section 2*.

Put these sentences *en argot* into *bon français*.

1. Allons boire un coup.
    Non, je suis fauché cette semaine.
2. Salut Jean, t'as vu Suzanne à la boum hier soir? Elle était complètement pétée.
3. T'as vu le poulet dans sa bagnole? Il était en train de se goinfrer d'un MacDonald!
4. Où sont les gamins? Je veux qu'ils aillent au petit coin avant qu'ils partent.
5. Si on allait au ciné, je prendrais ma bagnole.
6. T'es dingue? Tu es bourré.
7. Tu vois la minette à côté de ce mec-là? C'est ma petite amie.
8. Où sont les toilettes?
9. Je n'ai plus de sous, je suis complètement raide en ce moment.
10. T'as vu le type là-bas, à côté de la minette? C'est mon beau-frère.
11. Dis donc, t'as entendu? Les flics ont fait une descente dans la boîte où on était vendredi dernier.
12. On bouffe bien dans ce resto.
13. T'as du fric sur toi?
14. J'ai 100 balles, ça te va?

Section 2

Responding to a situation

See *Reference, Section 3*.

Respond appropriately to the following situations. You should also try to add any other comments you consider relevant to the situation, and so develop the "dialogue" between yourself and the French person.

Situation	On vous dit . . .
1. You have tried on a pair of trousers.	Alors, Monsieur, ce pantalon-ci, il vous plaît?
2. You are taken to your hotel room.	Ça vous convient, Mademoiselle?
3. You are returning faulty goods.	Si vous n'avez pas votre ticket de caisse, je ne peux rien faire.
4. You call over the head waiter.	Alors, vous n'êtes pas satisfait du service, Monsieur?
5. You arrive late for an appointment with a friend.	Ah! Te voici enfin. Ça fait 45 minutes que je t'attends.
6. You want to have your hair cut.	Je regrette. C'est impossible cet après-midi. C'est trop tard.
7. A friend arrives 2 hours late.	Tu n'attends pas depuis longtemps, j'espère?
8. You visit a French school.	Ben, comment tu trouves notre prof d'anglais?
9. You arrive at your rented flat.	Votre studio est situé au 23ème étage, Madame. L'ascenseur est en panne.
10. You are in a rather dilapidated café.	Ce café a une bonne ambiance, n'est-ce pas?
11 You check in at the airport for your return flight home.	Je regrette, Monsieur, mais je n'ai aucune réservation à ce nom.
12 Your friend is not at the station to meet you. A fellow passenger says –	Je connais la rue où il habite. Je pourrais vous y conduire.
13 You had planned to go to a football match.	Le match de foot a été annulé à cause du mauvais temps.
14 You receive change of a 100F note instead of a 50F note.	80F, 90F, 100F. Voilà. Merci, Monsieur.
15 A restaurant waiter tells you –	Je suis désolé mais on ne sert pas de plats chauds aujourd'hui.

16	You return a faulty record which you bought.	Mais, si vous n'avez pas le ticket de caisse, qu'est ce qui me prouve que vous l'avez acheté ici?
17	In a no-smoking compartment, a stranger asks –	Ça ne vous gêne pas si je fume?
18	Your friend tells you about an incident at school.	Mon prof est arrivé en classe, habillé en gorille!
19	At a party, a stranger asks you –	C'est vrai que les Ecossais sont radins?
20	You have chosen a bottle of perfume as a present, and give the shopkeeper 50F.	Mais, Monsieur, ce parfum coûte *500F* pas 50F.
21	Your friend arrives 20 minutes late.	Je m'excuse de t'avoir fait attendre.
22	Your friend arrives to go to the theatre with you.	Je suis désolé. J'ai oublié d'acheter les billets!
23	In the train, a stranger approaches you.	Je peux m'asseoir à côté de vous?
24	Your friend has been waiting for you.	Dépêche-toi. On est déjà en retard!
25	After lunch, your friend says –	Oh, j'ai mal au ventre. Je vais vomir.
26	A stranger, who is very distraught, approaches you –	On m'a piqué mon carnet de chèques et ma carte bancaire.
27	In a shop, you receive change of 50F instead of 100F.	Et voilà, quarante, cinquante francs, merci!
28	France beat England 30–10 in a rugby match.	Tu sais, la France a battu l'Angleterre 30–10.
29	You want to buy your parents a present but find yourself short of money. Your friend says –	Je te donnerai l'argent. Tu peux me rembourser demain.
30	You telephone a friend on Monday instead of on Sunday as planned.	Âllo, oh, c'est toi enfin!

Section 3

Guided role play work

Using the guidelines below, work with a partner to make up a series
of dialogues. The partner playing the role of the native French person
has to expand on the French guidelines, while the native English
speaker must interpret the English cues and express them in French.

Feel free to expand or modify the guidelines given, if you so wish!
Ideas for development are given after each dialogue.

1.

Le chef	Vous
Expérience?	*No. Ask about duties.*
Faire les chambres le matin – les couloirs l'après-midi – travaillez avec une personne plus expérimentée.	*Hours of work?*
6 heures par jour, 5 jours par semaine. 1 heure pour le déjeuner.	*Weekend duty?*
Rotation avec autres employés. 1 week-end sur 3 de travail.	*Salary?*
10% en dessus du SMIC.	*What's the SMIC?*
Salaire minimum imposé – 4 000F net par mois.	*Enquire about taxes.*
Certains impôts obligatoires – gestionnaire a plus d'information.	*Accommodation?*
Logez à l'hôtel.	*Have to share a room?*
Non.	*Food?*
La cantine du personnel.	*Days off?*
Droit à 2 jours ½ de congé par mois. Possibilité de s'arranger avec autres employés.	*Starting date?*
Lundi prochain à 7h 30. Il y aura une période d'essai de 15 jours.	*Accept?*

Maintenant

Apply for other hotel jobs – waiter, waitress, porter,
receptionist.

96

2. You don't feel well, so you go to a doctor's surgery.

Réceptioniste	Vous
Bonjour – rendez-vous?	*Say you haven't got an appointment but want to see the doctor.*
Docteur – occupé. Attendez – essayer de vous voir.	*Reply to suggestion. Add that you really don't feel well.*
Le docteur est libre.	

Docteur	Vous
Qu'est-ce qui ne va pas?	*Describe symptoms: severe headaches/stomach pains/ temperature?*
Vous avez mangé quelque chose de spécial? – pris des bains de soleil?	*Usual food – at the beach yesterday – wasn't even very hot.*
Possibilité d'insolation même si soleil est peu fort. Reposez-vous – mangez leger – prenez de l'aspirine.	*Thank the doctor. Ask price of consultation. Ask how to claim insurance.*
Allez demander à la réception.	

Maintenant

Change the ailment:

Vous saignez du nez.	*You've got a nose bleed.*
Vous vous êtes foulé le poignet.	*You've sprained your wrist.*

3. Your job as an au pair is getting you down.

Vous	Mère de famille
	Donnez instructions pour laver le linge, emmener les enfants chez leur tante et sortir le chien.
Say you'd like to talk to her.	D'accord, mais vite, car devez sortir.
Explain that you're not happy because you feel it's not fair to have to look after neighbour's children.	Pas grave pour une fois.
But it's more than once, in fact all this week because the neighbours have gone out every day.	Horrifiée, ne saviez pas – allez parler aux voisins.
Complain that you have to spend your own free time doing the ironing because you can't get on with it when the children are around. They make such a mess.	Allez leur parler aussi; allez faire le repassage vous-même.
Ask if you can start an evening class on Thursdays. It's organised for foreigners learning French. It would be a good way of meeting people.	Difficile – à cause de l'abonnement à l'opéra, mais on va en parler plus tard.

Maintenant

Complain about your conditions of work as a hotel *femme de ménage* – little time off, poor pay, etc.

4.   While on a touring holiday of France you decide to telephone
     your old penfriend whom you haven't seen or heard from in the
     last two years.

Vous	Voix
Say hello and check that you have the right number.	Oui, qui est demandé?
Say your name and ask for Patrick.	Pardon? Qui appelle? Appel de G.B.?
Repeat your name. Say you're telephoning from France. Ask to speak to Patrick.	Patrick est sorti. Vous ne savez pas quand il rentrera. Pouvez-vous prendre un message?
Explain that you and your friends/family will be coming to Arcachon in a few days. Ask if you might be able to see Patrick.	Patrick – chez un copain, mais il vaudrait mieux en discuter avec Patrick.
Ask whether you should telephone back or if you can have the friend's telephone number.	Donnez-lui le numéro de téléphone.
Check that you have the right number. Say thanks and goodbye.	Répondez.

Maintenant

Telephone the *syndicat d'initiative* in a French town and ask
them to send you details of local amenities, hotels,
restaurants, maps, entertainment, etc.

   You may express an interest in a particular hobby, and
ask if you can practise your hobby in the area.

s'intéresser	à la musique classique	to be interested in	classical music
	aux sports nautiques		water sports
	à la photographie		photography
aimer faire des promenades	en vélo	to like going for	cycle-rides
	en voiture		rides in the car

5. A French friend is staying with you. One day, while out for a cycle-ride, your friend has an accident and is taken to hospital. You telephone to explain the situation to his parents.

Vous	M. Boileau
Ask to speak to M. or Mme. Boileau. Say who you are.	C'est M. Boileau qui parle.
Say that his son has had an accident, but that he's all right.	Quoi? Grave? Où est-il? À l'hôpital?
Reassure him that it's not serious. He's just in for observation.	Comment ça s'est passé?
Explain that you had hired bikes and that he forgot to drive on the left-hand side. A car hit him, but it was travelling quite slowly.	Une voiture l'a heurté .... Oh mon Dieu!
Say someone called the ambulance straight away. He's all right, just a bit bruised and suffering from shock.	Rassurez votre femme que votre fils n'a que des bleus et qu'il est encore sous le choc. Faut-il venir en G.B.?
Tell them not to come to G.B. Say you'll telephone as soon as you have any news.	Oui, remerciez l'Anglais(e).

Maintenant

You are in France, staying with some friends. They have to go away unexpectedly for the weekend, and leave you in charge of the house and beloved family pets. They telephone you to check that everything is all right, but it is obvious from your tone of voice that something is wrong.

Un camion a heurté le chien.	*A lorry ran over the dog.*
Le chat a mangé le poisson rouge.	*The cat has eaten the goldfish.*
Le lapin s'est échappé du jardin.	*The rabbit's escaped from the garden.*

6. You arrive at Montpellier airport and check in your luggage for your flight home. A few minutes later you hear your name over the loudspeaker and report, as requested, to the check-in desk.

Vous	Employé
Say who you are.	Problème, car le nom n'a pas été enregistré sur l'ordinateur.
Ask what that means.	Pas de place sur ce vol.
But you bought the ticket 2 weeks ago. What's happened?	Vous ne savez pas. Certainement une erreur.
Ask what you're to do. Your family will be waiting for you at Gatwick airport. It's too late to telephone them – they'll have left the house already.	Vous pourriez envoyer un télex.
Ask about your return flight. What will you do?	Il n'y a plus de vols directs. Il faudra passer par Paris.
Enquire about departure/ arrival time of next plane to Paris, and its connection to London.	Donnez ces informations.
Ask to have your luggage sent straight through to London.	Impossible. Le vol de Montpellier arrive à Orly. Le vol pour Londres part de Charles de Gaulle.
Express your annoyance and disappointment.	Vous comprenez bien. Demandez le nom de la personne qui attend à Gatwick (pour le télex).
Spell out the name of this person. Ask what time you'll be in London.	Notez le nom. Donnez l'heure de l'arrivée.

Maintenant

You are with a school trip of 40 pupils on a holiday to France. You act as interpreter. After a long journey, you all arrive at your hotel, only to find that the reception's notification of your arrival is tomorrow. The hotel is completely booked up for tonight, and the receptionist does not at first appear to realize the gravity of the situation – where will you all sleep tonight? Sort it out.

7. Your little brother has been short-changed. You return with him to the shop to sort out the matter.

Vous	Directeur
Say you want to speak to the manager.	Je suis le patron.
Explain that your little brother bought a T-shirt costing 40F. He paid with a 100F note, but received change of 50F only.	Peu probable. Les touristes ne connaissent pas les billets. Les employés vérifient toujours la monnaie.
Say your little brother tried to tell the assistant but she wouldn't listen.	(en colère) Vous m'accusez de tromper un enfant? Bonne réputation du magasin.
Say the little boy is very upset. It's his own pocket money.	Que faire?
Suggest that he checks the till.	Impossible de vérifier le ticket de caisse avant la fermeture. Si enfant peu digne de confiance, ce n'est pas intelligent de le laisser faire les courses tout seul.
Express your indignation. Demand that the manager sorts this out.	Vous n'avez pas la moindre idée quoi faire.
Suggest that he checks the cash roll tonight and say that you'll come back in the morning. Ask what time shop opens.	8h 30.

Maintenant

Complain that the batteries you were sold for your radio/torch do not fit. You've already opened the packet.

les piles   *batteries*

Section 4

Nine situations for free role play

For this final series of nine paired activities, both partners should study the text under *Situation* before deciding which partner will take which role. One role is always that of a person whose mother tongue is not French, although all conversations must be conducted completely *en français*.

After this decision is reached, each partner should take time to read the notes outlined under the name of his chosen character. During this preparation time, try to imagine exactly how you would feel and what you would say in this situation. Use as many of the ideas as possible, but you need not feel obliged to talk in complete sentences; you can ask questions, gesticulate, laugh (cry?), or show your anger or your joy.

In each case one character is given the instruction to begin the conversation. After that the natural development of the interchange should take over. There is no need to have a strictly "question-answer, question-answer" pattern. Both partners should ask questions, interrupt if necessary, use facial expressions and gesticulate. In short, the results of each pair of students should be an imaginative, free-flowing interchange.

After this initial dry-run, you may be interested to listen to other students' versions before re-doing your own. You could also change partners or roles after the first attempt and see how well you cope the second time around.

Unedited recordings of native French speakers who completed the role play work in Section 4 are on the accompanying cassette. You may find it helpful to listen to their conversations either before or after you have worked on yours.

Situation 1

Un babysitter prend soin de deux petits enfants pour une journée. En ramenant les enfants à la maison le babysitter est alarmé de découvrir que la maison est vide. (Les deux parents avaient dit qu'ils rentreraient avant 5h. Il est maintenant 6h du soir.) *Le voisin* d'à côté, curieux, entend les enfants et le babysitter frapper à la porte et crier, et il va voir ce qui se passe.

Babysitter

Vous êtes fatigué – vous avez passé toute la journée à amuser 2 enfants énergiques. Vous avez toujours trouvé que les parents étaient à l'heure, donc vous vous inquiétez parce qu'ils ne sont pas à la maison. Il y a eu un accident peut-être? Vous ne voulez pas alarmer les enfants, qui sont maintenant prêts à aller au lit. D'ailleurs, vous avez un rendez-vous avec quelques amis ce soir. Combien de temps vous faudra-t-il attendre? Le voisin s'approche et vous demande qui vous êtes, et ce que vous faites.

Voisin

Vous reconnaissez tout de suite les cris des 2 enfants – ils font toujours du bruit. Votre mère malade, qui habite chez vous, a besoin de repos. Ces enfants encore une fois! Vous sortez voir ce qui se passe.

Les enfants semblent être sous la garde d'un étranger – qui a l'air très jeune lui-même. Vous n'êtes pas d'accord avec les parents qui travaillent et laissent leurs enfants sous la garde d'étrangers. Vous avez vu partir les parents ce matin et vous ne les avez pas revu depuis. De toute façon, vous ne savez pas exactement où ils travaillent. Votre téléphone est en dérangement. Commencez la conversation.

Situation 2

Un touriste a loué un vélo et roule sur une route à la campagne. Soudain *un motocycliste* apparaît et en une seconde, les deux **véhicules entrent en collision.**

Touriste

Vous voilà, en pleine campagne – vous rouliez à une vitesse modérée, certainement pas plus de 15 km/h, quand ce gamin, sans même regarder autour de lui, surgit d'une petite route secondaire et vous a heurté. Il ne porte même pas de casque. Heureusement, vous n'êtes pas gravement blessé – quelques coupures et des bleus – mais vous êtes sous le choc.

Quand vous examinez votre bicyclette, *louée*, vous commencez à vous inquiéter. Il est évident que vous ne pouvez pas continuer votre promenade en vélo. Et, qui va payer les réparations? En plus, comment est-ce que vous allez retourner en ville. Peut-être, il n'y a pas de bus sur cette route?

Motocycliste

Vous vous dépêchiez d'arriver à la boulangerie du village avant qu'elle ne ferme. Elle n'est qu'à quelques kilomètres de chez vous. En quittant la route secondaire vous n'avez pas entendu de circulation et en tout cas vous aviez la priorité (priorité à droite). Et bien, à peine aviez-vous tourné, que vous vous êtes trouvé en face d'un cycliste qui venait sur vous du mauvais côté de la route! Vous avez essayé de l'éviter mais la collision était inévitable. Heureusement vous n'êtes pas gravement blessé; votre poignet est peut-être cassé. Vous êtes très en colère et vous commencez la conversation par une dispute.

Situation 3

Quelques étudiants qui viennent de toute l'Europe, assistent à un cours de langue à l'Université de Nice pendant les grandes vacances. *Ana* et *Helen* partagent une chambre dans la Cité Universitaire. Elles ne s'entendent pas bien. Demain est le dernier jour du cours. Vous êtes en train de dîner.

Ana

Espagnole – vous avez 17 ans – vous venez de quitter le lycée et c'est la première fois que vous êtes allée à l'étranger. Vous parlez bien le français. Vous aimez le sport – vous ne fumez pas – vous ne buvez pas d'alcool. Une soirée agréable est, à votre avis, un repas avec des copains suivi d'une bonne conversation. Vous détestez les boîtes – le bruit est infernal, on ne s'entend pas parler.

Demain matin, le dernier matin, vous avez l'intention de vous réveiller à 5h pour aller nager dans la mer avec quelques amis. Ce soir, vous voulez finir de faire votre valise avant de vous coucher tôt. Commencez la conversation en demandant à Helen d'attendre la fin du repas avant de fumer une cigarette.

Helen

Quel épouvantable choix de compagne de chambre! Une petite espagnole naïve dont le but principal pendant ce mois dernier a été d'améliorer son français! Elle a assisté à *tous* les cours! Et bien, ce soir sera le dernier et vous avez l'intention de vous amuser. Vous donnez une petite boum (seulement 20 copains) dans votre chambre. Vous n'avez rien dit à Ana, parce qu'elle a dit qu'elle a été invitée chez une copine. Il est 7h déjà et vous commencez à vous demander à quelle heure elle va sortir.

Situation 4

David reste chez *François* et sa famille pendant les grandes vacances.
Tout va très bien – la famille est généreuse et aimable.

David

Vous vous êtes bien amusé pendant ce mois dernier – la
compagnie, la cuisine, le temps – tout a été superbe. Vous avez
décidé d'acheter des produits détaxés comme cadeaux pour votre
famille. Vous comptez le contenu de votre portefeuille – 50F –
cela n'est pas beaucoup.

Soudain vous vous rappelez que vous avez donné 2 billets de
100F à François quand vous étiez dans un restaurant. Vous les lui
avez prêtés mais, lui, il les a acceptés peut-être comme cadeau.
Vous vous sentez bien gêné parce qu'il vous *faut* de l'argent pour
les cadeaux. Par contre toute la famille a été si aimable et si
accueillante. Commencez la conversation en parlant des vacances
agréables que vous avez passées ici – dites que vous serez triste de
partir. Essayez de diriger le sujet de conversation vers les cadeaux,
leurs prix, etc.

François

David est gentil. Les vacances ont été chouettes. Vous promettez
d'envoyer à David des photos que vous avez prises. Enfin, vous
dites que vous essaierez de les envoyer, car vous êtes un peu
distrait. Vous vous souvenez du premier jour quand David est
arrivé – tout le monde était tellement poli. Vous aimeriez bien
correspondre avec David – vous n'êtes pas très fort pour écrire des
lettres. Vous voudriez bien visiter la Grande-Bretagne, voir les
parents de David. Si vous avez assez d'argent, vous viendrez
peut-être l'année prochaine. Vous n'avez jamais d'argent. C'est
l'anniversaire de votre petite amie la semaine prochaine. Qu'est-ce
qu'on peut acheter avec 8F?!

Situation 5

Stephanie, une Anglaise qui étudie le français, aide les professeurs dans un collège en Grande-Bretagne à organiser une visite en Angleterre d'un groupe de collégiens français. Le premier jour à Muirend High School, le directeur les accueille (en anglais!) et distribue le programme de leur visite. Il s'en va pendant quelques instants et il laisse Stephanie avec les Français. Stephanie s'approche d'*un élève* et commence à lui parler.

Stephanie

Vous remarquez qu'un garçon en particulier a l'air complètement perdu. Evidemment il n'a rien compris donc vous vous approchez de lui et commencez à bavarder en français. Présentez-vous et demandez son nom. Demandez comment était le voyage.
Répondez à ses questions et posez en quelques-unes vous-même, par exemple, combien d'élèves vont à son collège, quelles sont ses matières préférées, ses passe-temps, etc. Décrivez vos passe-temps et parlez un peu des profs qu'il va rencontrer dans ce collège. Parlez jusqu'au retour du directeur.

Elève

Vous êtes assez timide. Vous n'avez rien compris du discours du directeur et vous avez peur d'assister à un cours pour la première fois. La jeune fille qui vous parle, semble gentille et vous lui demandez ce que c'est qu'un "prefect" et "form teacher". Le directeur a répété ces mots plusieurs fois. On vous a donné une liste de clubs et d'activités organisés après la classe et vous vous y intéressez. Vous êtes sportif. Vous vous renseignez sur la cafetéria dans le collège, combien ça coûte, la cuisine, etc.

Vous avez d'autres questions aussi. Après cette conversation, vous vous sentez plus détendu.

Situation 6

Claire, une Française, passe une quinzaine chez sa correspondante *Emma*. Claire est aimable et jolie. Un après-midi, elle dit à la famille qu'elle va en ville, faire des commissions. Elle revient après 6h du soir apparemment très contente, mais sans paquets. Avant qu'elle ne rentre, Emma a reçu un coup de téléphone d'une de ses amies.

Claire

Vous vous amusez bien en Grande-Bretagne, particulièrement après hier soir quand vous avez passé un bon bout de temps à parler à Paul, le petit ami d'Emma. Vous et Paul avez les mêmes goûts, la musique classique, l'art et la cuisine. Paul vous a confié qu'il ne savait pas quoi acheter pour l'anniversaire d'Emma la semaine prochaine. Quand vous lui avez suggéré un bracelet, il a dit que c'était une bonne idée et il vous a demandé si vous voudriez l'aider à choisir le bracelet. Donc vous avez passé l'après-midi à faire les vitrines des bijoutiers jusqu'à ce que vous ayez trouvé le bracelet qui vous plaît.

Emma

Claire semblait être si gentille. Vous ne pouviez pas croire Susan quand elle a téléphoné cet après-midi pour dire qu'elle avait vu Claire et Paul ensemble devant la vitrine d'une bijouterie. Vous pensez, peut-être, qu'ils se sont rencontrés par hasard en ville, vous demandez à Claire si elle a rencontré quelqu'un. Vous êtes surprise qu'elle n'ait pas de paquets et vous commencez la conversation en lui demandant ce qu'elle a fait cet après-midi.

Situation 7

Une jeune fille au-pair garde un garçon de dix ans. Les parents ont quitté la maison de bon matin et *Rachel* doit emmener *Marc* à l'école et après elle doit faire le marché avant d'aller chercher Marc à midi.

Rachel

Vous aimez votre boulot ici. Les parents sont très occupés mais ils sont bien aimables et Marc, quoiqu'il soit un peu effronté et très désordonné, est vraiment très mignon. Vous avez le cafard. Il est 7h du matin. Vous réveillez Marc. C'est l'heure de se préparer pour l'école.

Marc

Vous avez déjà décidé de ne pas aller à l'école aujourd'hui. Il y a 2 examens – un de français et un de maths et Madame Micheline a dit qu'elle avertirait vos parents si vous échouiez encore. Si vous n'allez pas à l'école, il n'y aura pas d'examen, donc pas de lettre. Vous dites à Rachel que vous êtes malade (mal à la tête? mal au ventre?). Quand Rachel entre dans votre chambre, vous êtes prêt et vous faites le malade.

Situation 8

Philip et Colin font un tour d'Europe et arrivent en France. Philip a une correspondante, Simone, chez qui ils vont aller passer le week-end. En route, les garçons ont rencontré un groupe d'amis qui leur ont offert des tickets gratuits pour un week-end de musique pop à Chantilly. Ils doivent être à Chantilly à 4h cet après-midi. Philip doit avertir Simone. Il lui téléphone pour essayer d'arranger un autre week-end ensemble. *Une femme* répond.

Philip

Vous êtes embêté. Vous avez arrangé ce week-end depuis de longs mois. Mais l'idée d'un week-end de musique pop vous tente trop. Comment allez-vous expliquer cela à Simone? Peut-être, vous pourriez dire que vous êtes malade, ou que vous êtes fauché, ou peut-être juste dire que vous viendrez la semaine d'après? Vous faites le numéro nerveusement ... ça sonne ... vous espérez que Simone sera à l'appareil.

Femme qui répond

Vous répondez. Quelqu'un veut parler à votre fille, Simone. Expliquez qu'elle travaille et qu'elle rentrera à 6h du soir. Vous pourriez peut-être faire une commission? Demandez qui est à l'appareil. Quand vous découvrez qui c'est, dites que vous êtes très heureuse, car vous attendiez son arrivée depuis longtemps. Simone actuellement travaille des heures supplémentaires pour avoir le week-end libre. Demandez à Philip l'heure de son arrivée, et s'il veut que quelqu'un vienne le chercher.

Situation 9

Vicky, une étudiante anglaise, passe ses vacances à travailler dans un bureau français. Le salaire n'est pas élevé mais elle a de la chance d'avoir trouvé un boulot en France. Un matin, elle arrive en retard au bureau. Son *chef* l'attend.

Vicky

Vous trouvez le travail drôlement ennuyeux – vous aviez espéré gagner de l'expérience à apprendre à faire marcher les ordinateurs de la compagnie mais vous passez vos journées à taper à la machine, à aller à la poste, à classer les fiches, à faire le café et à laver les tasses. Hier soir vous n'avez quitté le bureau qu'à 7 heures (le bureau ferme à 6h). Donc vous ne trouvez rien de mal à rester au lit pendant une demi-heure de plus ce matin. Mais le bus avait du retard et vous êtes arrivé enfin à 9h 30. De toute façon il ne reste que 3 jours de travail avant de finir ce terrible boulot.

Le chef

C'est à vous de surveiller tous les employés dans ce bureau. Vicky n'est pas une des meilleures employées – elle parle bien le français et elle tape assez vite, mais seulement quand elle le veut. Elle passe la plupart du temps à bavarder et faire des coquetteries aux autres, et en plus il lui faut un temps ridicule pour aller à la poste. Ce matin, vous avez dû aller chercher vous-même les lettres à la poste, et pendant votre absence une cliente importante est venue vous voir. Elle n'était pas du tout contente parce que vous n'étiez pas là.

Quand vous voyez entrer Vicky, vous commencez la conversation par lui dire bonjour et lui demander si elle a une montre. Demandez une explication et dites-lui que si elle travaillait plus dur, elle finirait à 6h, comme les autres. Enfin, il y a beaucoup à faire, elle devra travailler pendant la pause-déjeuner aujourd'hui.

112

Reference

1 Hello, goodbye and thank you

It's important to choose the appropriate form of address – *tu* or *vous*. It would be as inappropriate to greet your penfriend's elderly Granny with "*Salut*" as it would be to thank your penfriend by saying "*Je vous remercie sincèrement*". Study the following lists of French expressions and their English equivalents.

Remember, the French use their equivalents of "Sir" and "Madam" more frequently than we do.

Address	men	as	Monsieur
	women	as	Madame
	young women	as	Mademoiselle
	doctors	as	Docteur
	policemen	as	Monsieur l'agent
	priests	as	Mon père
	nuns	as	Ma sœur

Greetings

Formal:

bonjour	*good morning/afternoon, hello*
bonsoir	*good evening*
âllo	*hello – used on telephone only*
excusez-moi	*excuse me*
pardon	*excuse me*
Excusez-moi de vous déranger.	*I'm sorry for bothering you.*
Je vous prie de m'excuser.	*Please excuse me.*

Informal:

Salut!	*Hi!*

Small talk

Formal:

Comment allez-vous?	*How are you?*
Je vais bien, merci.	*I'm fine, thanks.*

Informal:

(Comment) ça va?	*Are you all right?*
(Oui) ça va.	*(Yes) O.K.*

Thanks

Formal:

Je vous remercie (bien).	*Thank you (very much).*
(beaucoup).	*(very much).*
(mille fois).	*(1000 times).*
(sincèrement).	*(most sincerely).*

Formal and informal:

Merci (bien).	*Thanks a lot.*
(beaucoup).	*Thanks a lot.*

Goodbye

Formal and informal:

au revoir	*goodbye*
à bientôt	*see you soon*
à tout à l'heure	*see you soon*
à lundi, etc.	*see you on Monday, etc.*
à la semaine prochaine	*see you next week*
bonne nuit	*goodnight (bedtime)*

Informal:

ciao	*bye*
à la prochaine	*see you (sometime)*
à un de ces quatre	*see you (sometime)*

114

2 Slang

Young people in France have developed a style of language called *l'argot* – slang. As soon as you make friends with young French people, you will pick up a range of new vocabulary and expressions. Here is a selection to start you off.

Du bon français	*De l'argot*
l'argent	le fric
	l'oseille
	les sous
(100) francs	(1 000) balles
ne pas avoir d'argent	être fauché
	être à sec
	être raide
prendre quelque chose à boire	prendre un pot
	boire un coup
avoir trop bu/être ivre/être soûl	être bourré
	être rond
	être pété
le restaurant	le resto
le restaurant-universitaire	le resto-u
manger	bouffer
	s'empifrer
	se goinfrer (de quelque chose)
un hamburger	un MacDonald (un MacDo)
la voiture	la bagnole
partir	se casser
	se tirer
le cinéma	le ciné
	le cinoche
la discothèque/la boîte de nuit	la boîte
s'amuser	s'éclater
	rigoler
la surprise-partie	la boum
les toilettes/les WC	les petits coins

(*Du bon français*)	(*De l'argot*)
la police	les flics
	les poulets
le jeune homme	le type
	le mec
	le gars
	le gonze
le jeune homme très à la mode	le minet
la jeune fille	la nana
	la gonzesse
la jeune fille très à la mode	la minette
l'enfant	le gamin
fou	dingue
tu te moques de moi?	tu te fous de moi?
tu as	t'as
tu es	t'es
oui	ouais
peut-être	m'ouais
eh bien, alors	ben
c'est affreux	mince alors
	c'est moche
c'est excellent	c'est chouette
	quel pied
	chic alors

3 Coping with the unexpected

Real-life conversations rarely go exactly according to the plan you anticipate. Things go wrong. During visits abroad, strikes, double bookings and misunderstandings can all contribute towards *l'imprévu*, the unexpected. During your examination role play, the examiner will create typical problems to which you must react spontaneously, appropriately, and *in French*! Your reaction will probably fall into one of these broad categories: agreement, satisfaction, disbelief or dissatisfaction.

Study these French expressions and their English equivalents. If the *tu* form only is given, then the expression is used only in informal situations.

Agreement and acceptance

oui (je veux bien)	*yes (I'd like to)*
évidemment	*of course*
absolument	*absolutely*
exactement	*exactly*
naturellement	*naturally*
bien sûr	*of course*
bien entendu	*of course*
sans aucun doute	*without doubt*
c'est vrai	*that's true*
d'accord	*all right*
je le pense aussi	*I think so too*
je suis tout à fait d'accord	*I quite agree*
je suis tout à fait de votre avis	*I quite agree with you*
tu as raison	*you are right*
vous avez raison	*you are right*
tu peux le dire	*I should say (so)*
ah, tu vois	*there you are, you see*
ah, vous voyez	*there you are, you see*
je te l'avais dit	*I told you so*
je vous l'avais dit	*I told you so*

c'est sûr	*definitely*
certainement	*definitely*
c'est certain	*definitely*
aucun problème	*no problem*
pas de problème	*no problem*
peut-être bien	*that may be so*
c'est bien possible	*that's quite possible*
en principe	*in theory*
si tu veux	*if you want*
si vous voulez	*if you want*
on peut dire ça	*you might say that*
pourquoi pas?	*why not?*
probablement	*probably*
c'est vrai	*that's true*
d'accord	*all right*
bien	*fine*
c'est bien	*that's fine*
ça va	*that's all right*
ça ira	*that'll be fine*
parfait	*perfect*
comme de bien entendu	*but of course*
avec grand plaisir	*with pleasure*

Satisfaction, pleasure and approval

ça me va	*that suits me*
c'est très bien	*that's fine*
je trouve cela très bien	*I think that's fine*
cela me satisfait	*I'm satisfied with that*
je suis satisfait de vous/ ce résultat	*I'm satisfied with you/ this result*
c'est chouette!	*that's great!*
quel pied!	*that's fantastic!*
qu'est-ce que c'est agréable!	*how nice/pleasant!*

c'est très gentil à vous	*it's very nice of you*
tu es très gentil	*you're very kind*
vous êtes bien aimable	*you're very kind*
c'est vraiment très gentil de votre part	*that's very nice of you*
j'ai eu de la chance	*I was lucky*
quelle chance!	*what a stroke of luck!*
bravo!	*well done!*
chic alors!	*brilliant!*
excellent!	*excellent!*
super!	*brilliant!*
je trouve ça sensationnel!	*I think that's terrific!*
génial!	*great!*
merveilleux!	*brilliant!*

Disbelief, disagreement and indignation

tiens!	*oh!/fancy that!/gosh!*
cela m'étonne/me surprend	*that (does) surprise me*
quelle (bonne) surprise!	*what a (nice) surprise*
quelle (mauvaise) surprise!	*what a (nasty) surprise*
c'est incroyable!	*that's unbelievable!*
c'est impossible!	*that's impossible!*
ça alors!	*well! (would you believe it?)*
je rêve ou quoi?	*am I dreaming? (is this really happening?)*
sans blague	*no kidding*
tu te fous de moi?	*are you pulling my leg?*
comment?	*what?*
pardon?	*pardon?*
hein?	*what?*
et alors?	*so what?*
ah bon?	*oh really?*
vraiment?	*oh really?*

j'en ai assez de	*I've had enough of*
j'en ai marre de	*I've had enough of*
zut alors!	*oh drat!*
mince alors!	*oh drat!*
si	*an indignant "yes", used to contradict a negative statement, for example:*

Tu n'as pas 15 ans.

Mais si!

Dissatisfaction, regret and disappointment

je ne suis pas (du tout) satisfait (de)	*I'm not (at all) satisfied (with)*
c'est tout?	*is that all?*
ce n'est pas juste	*that's not fair*
c'est (bien) dommage	*that's a (real) pity*
c'est moche!	*that's rubbish!*
c'est embêtant	*that's annoying*
oh non!	*oh no!*
quel malheur!	*what bad luck!*
ça me fiche le moral à zéro!	*that makes me feel rotten!*

Les réponses

Unit 1

Exercice 1

1. 21.42.93.67
2. 56.96.47.08
3. 44.13.81.96
4. 61.46.12.84
5. 75.71.64.75

6. 49.72.49.81
7. 41.54.42.14
8. 22.25.34.99
9. 35.45.83.60
10. 48.71.16.24

Exercice 2

1. SNCF
2. OVNI
3. PS
4. BNP

5. PC
6. EDF.GDF
7. SAMU
8. UDF

Exercice 3

1. PS = Parti Socialiste – Socialist Party
2. SNCF = Société Nationale des Chemins de fer Français – French Railways
3. UDF = Union Démocratique Française – Democratic Party
4. OVNI = Objet Volant Non-Identifié – unidentified flying object
5. EDF.GDF = Électricité De France, Gaz De France – French electricity and gas
6. PC = Parti Communiste – Communist Party
7. SAMU = Service Aide Médicale d'Urgence – emergency medical services
8. BNP = Banque Nationale de Paris – National Bank of Paris

Exercice 3

Transcript

1. A Je vais m'inscrire au PS.
   B Qu'est-ce que c'est que le PS?
   A Ben, le Parti Socialiste, je vais m'y inscrire.

2. A Il faut que la SNCF me rembourse mon billet.
   B Qu'est-ce que c'est que la SNCF?
   A Eh bien, c'est la compagnie des trains en France.

3. A Louis va voter UDF?
    B Pardon?
    A C'est le Parti Démocrate Français.
    B Oh!

4. A Je te jure que j'ai vu un OVNI.
    B Qu'est-ce que c'est que ça?
    A Une soucoupe volante, quoi – avec des Martiens dedans.

5. A Je viens de recevoir ma facture de l'EDF.GDF.
    B Pardon, comment ça s'écrit l'EDF.GDF?
    A Passe-moi un stylo... alors...
       E...D...F...G...D...F... C'est la compagnie
       d'électricité et de gaz en France.

6. A Ça y est. Mon frère est au PC.
    B Qu'est-ce que tu dis?
    A C'est le Parti Communiste, idiote.

7. A J'ai failli être écrasée par une ambulance du SAMU.
    B C'est quoi ça?
    A C'est le service d'urgence des hôpitaux.

8. A Je dois aller à la BNP.
    B A la BNP, pardon, je ne comprends pas.
    A C'est la Banque Nationale de Paris.

Unit 2

Exercice 1

1. C'est un bout de tissu qui sert à enlever la poussière. (le torchon)
2. C'est un récipient souvent en plastique dans lequel on met la salade. (la cuvette)
3. Quelque chose de plat sur lequel on apporte les tasses. (le plateau)
4. Un morceau de tissu avec lequel on s'essuie les mains. (un essuie-main)
5. Une machine avec laquelle on moud les grains de café. (le moulin à café)
6. Un récipient où on met les cendres de cigarette. (le cendrier)
7. C'est comme un récipient rempli d'eau que l'on utilise pour réchauffer le lit. (la bouillotte)
8. On s'en sert pour peser les aliments. (la balance)
9. Un récipient qui sert à faire cuire les aliments à la vapeur. (la cocotte-minute)
10. Un récipient qui sert à mettre du lait. (le pot à lait)